티베트
THE TIBET

티베트

삶, 신화 그리고 예술

마이클 윌리스 / 장석만 옮김

들녘

LIFE, MYTH AND ART : THE TIBET

All Rights Reserved
Copyright ⓒ Duncan Baird Publishers Ltd 1999
Text Copyright ⓒ Duncan Baird Publishers 1999
Artwork and Maps Copyright ⓒ Duncan Baird Publishers 1999
(for copyright in the photographs see acknowledgements pages which are to be regarded as an extension of this copyright)
Korean Translation ⓒ 2002 Dulnyouk Publishing Company
This Korean edition was published by arrangement with Duncan Baird Publishers
through Best Literary & Rights Agency, Korea

이 책의 한국어판 저작권은 베스트 에이전시를 통한
Duncan Baird Publishers와의 독점 계약으로
도서출판 들녘이 소유합니다.
신저작권법에 의하여 한국 내에서 보호를 받는 저작물이므로
무단전재와 무단복제를 금합니다.

티베트 ⓒ 들녘 2002

초판 1쇄 발행일 · 2002년 3월 1일

지은이 · 마이클 윌리스
옮긴이 · 장석만
펴낸이 · 이정원

펴낸곳 · 도서출판 들녘
등록일자 · 1987년 12월 12일
등록번호 · 10-156
주소 · 서울시 마포구 합정동 366-2 삼주빌딩 3층
전화 · 마케팅 (02)323-7849 편집 (02)323-7366
팩시밀리 · (02)338-9640
홈페이지 · ddd21.co.kr

값은 뒤표지에 있습니다. 잘못된 책은 구입하신 곳에서 바꿔드립니다.
ISBN 89-7527-303-2 (03910)

차 례

달라이 라마의 서문 7

이미지와 상상력 9
티베트의 혼 10
티베트 이야기 16
티베트의 예술 24

성스러운 우주 31
정신, 공간 그리고 깨달음 32
펼쳐진 우주적 공간 34
성스러운 장소를 찾아가기 48
홀로 하는 수도생활 50
질병, 위험, 악마 56

신을 불러낸다 63
음악과 의례 64
성스러운 소리 68
다르마를 기록하기 74
전경기와 승리의 깃발 78

완전한 존재, 완전한 세계 85
우주적 붓다 86
자비의 보살 92
지혜의 여신 98
지혜와 자비의 결합 102
성자와 현인 108
지혜의 전수 112

자비의 화신 116

무섭고 강력한 힘을 지닌 신들 121
가공할 만한 수호자 122
잔인한 방랑자 128
사후세계의 경로 134

용어 해설 136
참고문헌 137
찾아보기 138
사진 제공 143
지은이와 옮긴이 144

달라이 라마의 서문

티베트는 여러 요소로 이루어진 풍요로운 고대 문화의 터전과도 같습니다. 이 가운데 티베트의 자연 환경은 강력한 자유와 불굴의 정신을 갖도록 티베트인을 키워왔습니다.

물론 티베트 문화를 생각할 때 우리는 가장 먼저 불교를 떠올립니다. 불교가 티베트인의 삶의 방식에 끼친 커다란 영향력 때문입니다. 어떤 문화든지 나름의 특징이 있게 마련입니다. 티베트에서는 오랫동안 자비와 지혜 같은 내적 가치를 강조해왔고 발전시키려고 노력해왔습니다. 우리는 그런 자질이야말로 인간이 평생 동안 얻을 수 있는 것 중에서 가장 값진 것이라고 생각합니다. 그런 가치는 진정한 재산이어서, 짧든 길든 남들과 우리 모두에게 좋은 일을 베풉니다. 우리의 그림과 조각품, 그리고 의례용품에는 그런 덕목들이 상징적으로 표현되어 있습니다.

티베트 문명은 인류가 공유하고 있는 귀중한 유산으로서 독특한 자리를 차지하고 있습니다. 만약 이 문명이 사라진다면 인류는 지금보다 가난해질 것입니다. 여러분들은 이 책을 즐겁게 읽는 동안 티베트인과 티베트의 전통을 더 잘 이해하고 공감하시게 될 것입니다. 아울러 티베트 문화가 사라지지 않도록 보존하려는 우리의 노력에 힘을 보태주시게 될 것을 믿어 의심치 않습니다.

이미지와 상상력

왼쪽 성스런 유골을 안치한 초르텐의 저녁 무렵 모습. 티베트 남부의 라싸 계곡에 있는 간덴 사원 위에 있다. 초르텐은 산스크리트어로 '스투파'라고 하며, 이를 우리는 전통적으로 '탑'으로 번역해왔다. 티베트의 독특한 불교문명은 1천 년이 넘도록 거의 외부와 고립된 채로 발전했다. 하늘을 찌를 듯한 히말라야 산맥과 중앙아시아의 방대한 사막에 둘러싸여 외부의 영향을 받지 않고 자체적으로 발전한 것이다. 몇백 년에 걸쳐 기념물들이 산길 꼭대기나 옛길, 성스러운 여울목을 따라 세워졌고 티베트의 자연 경관에 지울 수 없는 불교의 흔적을 남겨놓았다.

"여기는 하늘의 중심 / 땅의 가운데 / 세상의 심장부 / 눈 덮인 산맥이 감싸주고 / 모든 강물이 흘러나가는 곳 / 산이 높고 땅이 깨끗한 곳 / 사람들 사는 곳도 참으로 좋아 / 모두 현인과 영웅으로 태어나고 / 훌륭한 법도에 따라 살아가는 곳."

9세기에 쓰여진 이 시구는 불교의 '훌륭한 법'과 히말라야의 험산 준령으로 대변되는 티베트 문명의 특징을 황홀할 정도로 잘 표현하고 있다. 세계에서 가장 높은 산맥으로부터 비호를 받는 티베트인들은 꼭 필요한 것만을 이웃 인도와 중국 문명으로부터 받아들였다. 그래서 티베트 사회와 사상, 예술은 남다른 독특성을 지닐 수 있었으며, 사람들은 티베트에 대해 끊임없는 매혹과 깊은 존경심을 느끼게 됐다.

15세기에 만들어진 것으로 추정되는 이 커다란 청동불은 아미타불이며 무한한 생명을 나타낸다. 보석 왕관을 쓰고 연꽃 좌대에 앉아 있는 아미타불은 티베트 금속 조각품에서 흔히 볼 수 있다.

티베트의 혼

사암砂巖에 새겨진 이 인도 조각 기둥은 7세기 말에 만든 것으로 추정된다. 이 시기에 불교가 인도로부터 티베트에 전해졌다. 여기서 붓다는 한 손을 땅에 대고 있는데, 이는 대지大地로 하여금 자신의 깨달음을 증언케 하려는 모습이다.

오늘날의 티베트는 불교의 영향력이 압도적인 나라이지만, 불교가 티베트에 자리잡은 것은 7세기경으로 그리 오래되지 않았다. 7세기라면 붓다가 깨달음을 얻은 지 1천 년도 넘은 시기다. 붓다는 기원전 6세기에 고타마 싯다르타로 태어났다. 북인도에 있는 작은 왕국의 왕자로 태어난 그는 깨달음을 얻기 위해 왕자의 특권을 훌훌 떨쳐버리고 방랑하는 고행자가 됐다. 후에 붓다를 따르는 신자들에게 붓다가 태어난 곳(룸비니), 깨달음을 얻은 곳(보드가야), 첫 설법을 한 곳(사르나스), 열반에 든 곳(쿠시나가라)은 중요한 순례지가 됐다. 티베트 신자들도 붓다의 가르침인 다르마를 얻기 위해 이곳들을 순례했다(17쪽 지도 참조).

붓다 가르침의 근본원리는 사성제四聖諦(네 가지 고귀한 진리)에 훌륭하게 나타나 있다. '사성제'의 심오하면서도 놀랄 만한 소박성은 왜 티베트인들이 불교식 삶의 방식에 매력을 느끼게 됐는지를 잘 보여준다. 사성제란 이렇다. 모든 존재는 필연적으로 고통(두카)을 당한다. 고통의 원인(사무다야)은 욕망이다. 욕망의 원인은 소멸(니로다)시킬 수 있다. 욕망의 원인을 소멸시키기 위해서는 붓다가 가르쳐준 길(마르가)인 '팔정도'를 따라야 한다.

이 네 가지 가르침을 바탕으로 해서 티베트 불교문명의 철학적·종교적·사회적·예술적 체계가 세워졌다. 이러한 사성제는 불교가 하나의 철학에 그치는 것이 아니라 깨달음(니르바나. '욕망이 없다'는 뜻)의 길을 통해 삶을 송두리째 변화시키고자 하는 실천적 작업임을 잘 보여준다. 깨달음이란 매우 독특한 심적 상태로서, 물질계에 대한 집착이 완전하게 끊긴 것을 나타낸다. 불자들이 말하듯 니르바나는 충만해 있는 것도 비어 있는 것도 아니고, 있는 것도 없는 것도 아니며, 실체도 아니고 비실체도 아니다.

오른쪽 탕카(천에 그린 그림, 한국어로 탱화) 중앙에 붓다가 홀로 앉아 있다. 붓다의 머리 주위는 후광으로 빛난다. 조그맣게 그려진 장면은 자타카(본생담) 이야기다. 이 그림들은 붓다가 여러 겹의 생을 겪으면서 어떻게 덕을 쌓는 수행을 하고 마침내 어떻게 깨달음을 얻었는지를 보여준다. 장면마다 티베트어의 표제가 쓰여져 있으며, 맨 밑에는 티베트 불교의 중요한 후원자였던 명나라 황제 신종神宗(연호는 만력萬曆, 1573~1620)의 서명이 보인다.

표현하기 불가능한 이 자유를 얻기 위해서는 끊임없이 노력하는 자세가 요청된다. 사는 방식과 주변 환경을 바꿔 말과 행동, 그리고 생각을 깨끗이 하도록 힘써야 한다. 수도원이 만들어진 것은 바로 이런 요구에 부응하기 위해서였다.

붓다 생존시와 입적 후에 상당수의 승려들이 깨달음을 얻었다. 그들은 '아라한(존자尊者)'이라 불렸다. 그런데 아라한은 타인의 고통에 별로 관심을 두지 않았다. 그들은 고통받는 중생에게 적극적으로 '다르마'를 가르치려 하지 않았다. 다만 붓다의 길을 따르면 니르바나에 이를 수 있다는 점만 강조할 뿐이었다. 이 때문에 아라한은 극복되어야 할 상태로 여겨지게 됐다. 아라한은 깊은 자비심이 결핍되어 있어서 붓다가 뭇 중생에게 가르침을 베풀었던 것처럼 할 수 없다는 것이었다.

그런 자비심은 마하야나(대승大乘) 불교의 핵심적 특징이 됐다. 물론 티베트 불교도 마하야나 불교에 속한다. 자비심은 보살('뛰어난 지혜를 지닌 존재'라는 뜻)이라는 신적 존재에 구현되어 있다. 마하야나 불교에 따르면 보살은 아라한보다 한 단계 더 높은 위치에 있다. 왜냐하면 보살은 깨달음을 바로 눈앞에 두고 있으면서도, 고통받는 중생들에 대한 자비심으로 그들을 돕기 위해 자신의 최종적 깨달음을 미뤄둔 존재이기 때문이다. 처음부터 티베트인들은 마하야나 불교전통을 믿었으므로 보살이 널리 숭상됐다. 자비심의 상징인 관세음보살은 티베트를 보호해주는 존재가 됐다. 이 관세음보살이 인간의 몸으로 현현한 것이 티베트의 최고 사제이자 왕인 달라이 라마라 믿는다.

마하야나 불교는 모든 중생에게 보살심이 있어서 누구나 보살이 될 수 있다고 주장한다. 다만 수많은 삶을 거듭하면서 쉴새없이 덕을 갈고 닦아야만 이를 얻을 수

티베트의 토착 종교인 본Bon교의 신이 부처 둘을 짓밟고 있는 모습을 형상화한 청동상(통상적으로는 불교의 신적 존재가 악마를 짓밟는다). 이 신은 독수리 모양의 '가루다'(독사를 죽인 걸로 유명하다)와 천둥번개를 일으키는 '바즈라'를 양손에 들고 있다. '바즈라'는 흔히 수호 보살인 '바즈라 파니(금강수金剛手)'가 지니고 다닌다.

있다. 이와 대조적으로 바즈라야나(금강승 金剛乘)에서는 빨리 이룰 수 있는 길이 있다고 주장한다. '마하시다'라는 위대한 수행자들이 금강승의 길을 따르면 특별한 의례와 테크닉을 사용하여 단번에 깨달음을 얻을 수 있다는 것이다. 이 수행법을 흔히 '탄트라'라 부르는데, 위대한 수행자가 알아냈다는 설도 있고 자비로운 신들이 알려줬다는 설도 있다(105쪽 참조).

 탄트라의 수행법을 전파하려고 처음에 티베트로 들어간 불교 승려들은 고대 인도에서 행해지던 것과 흡사한 왕궁 의례가 큰 영향력을 행사하면서 치러지고 있는 걸 보았다. 당시 티베트인들은 최고의 사제에 의해 주관되는 희생제의가 천상의 질서를 유지하고 신들의 환심을 사기 위해 꼭 필요한 일이라고 믿었다. 그러나 티베트의 초기 불교도들은, 붓다가 인도의 희생제의 문화를 바꿔놓았듯이 기존의 의례 관습과 사제계급을 바꾸었으며, 강력한 토착 신을 불법의 수호신으로 변신시켰다(122쪽 참조).

 불교 도입 전에 티베트에서 전래되던 종교는 본교로 재조직되어 지금까지 명맥을 잇고 있다. 특히 티베트와 인접해 있는 부탄에 가면 본교를 잘 살펴볼 수 있다. 불교와는 많은 점에서 다르고, 때론 상반되기도 하지만 본교는 불교로부터 많은 영향을 받았기 때문에 교단 조직, 경전 전통, 그리고 여러 신이 비슷하게 짜여져 있다.

오른쪽 자비의 상징인 관세음보살의 청동 좌상. 13세기에 만들어졌다. 편 손바닥은 중생의 소망을 들어준다는 뜻으로 관대함을 나타낸다. 상에는 터키 옥이 상감象嵌되어 있는데, 이는 티베트 금속품에서 흔히 볼 수 있다.

창포 강

창포 강은 아시아에서 가장 긴 강 가운데 하나다. 티베트 서부에서 발원한 강은 2,900킬로미터도 넘는 길이를 흘러가며, 방글라데시의 기름진 충적 평야지대에서 강가 강과 합류한다. 창포 강은 브라마푸트라('브라흐마의 아들'이란 뜻)라고도 부르는데, 강의 수원지가 '마나사로바르' 호수까지 이어져서 그런 이름이 붙여졌다. 이 호수는 브라흐마 신이 카일라스 산맥을 순례하는 이들의 목을 축이기 위해 만들었다고 여겨져왔기 때문이다(49쪽 참조).

수원지 근처의 '타촉Tachok 창포'와 더 하류 쪽의 '야르룽Yarlung 창포' 강은 중앙 티베트 전체를 가로질러 동쪽으로 흐르면서 무수한 산의 계곡과 지류의 물을 끌어모은다. 창포 강은 딩그리 부근 라르체에서 시작하여 600킬로미터 이상의 거리를 배로 여행할 수 있다. 배는 옆의 사진처럼 바닥이 평평하다.

옛날에 창포 강은 티베트 내륙을 연결하는, 무역과 순례의 중요한 통로였다. 하지만 티베트 동부, 인도의 아삼 지방과의 접경지대에 이르면 세계에서 가장 깊은 골짜기로 곤두박질쳐서 인도와의 통행을 불가능하게 만들었다. 45킬로미터도 안 되는 거리를 강물은 3,000미터 이상으로 급강하한다. 창포 강은 티베트의 문화적 단일성을 조성하는 데 크게 기여했지만 결코 인도와의 소통 창구를 마련해주지는 않았던 것이다.

티베트 이야기

티베트는 7세기의 송첸 감포 왕 때 통일 왕국을 이루어 중국, 인도와 국경을 마주하게 됐다. 송첸 감포 왕의 선조는 야르룽 계곡 출신으로 신심이 깊지 않았으나, 네팔과 중국에서 시집온 왕비들은 라싸에 불교사원을 짓고, 부처의 상을 봉안했다. 하지만 불교가 티베트에 깊게 뿌리내리게 된 것은 8세기의 일이다. 트리송 데첸 왕은 첫 불교 수도원을 세우기 위해 샨타라크시타라는 인도의 스승을 초빙했다. 그 인도인은 카리스마적 인물인 파드마삼바바의 도움으로 수도원을 완성했다(32쪽 참조).

9세기에 야르룽 제국은 붕괴됐고 티베트는 여러 왕국과 공국으로 분할됐다. 그후 불교에 대한 관심은 그리 높지 않다가, 10세기로 접어들어 티베트인들이 불경을 연구하고 번역하기 위해 인도로 가기 시작하면서 다시 관심이 고조됐다.

인도의 승려들도 티베트를 찾아왔는데, 그 중 가장 유명한 이는 아티샤였다(110쪽

총계 계곡은 야르룽 제국의 통치자가 매장된 곳이다. 투물리라고 불리는 16기의 토루土壘는 송첸 감포를 비롯한 티베트의 위대한 왕들의 무덤이다. 그 옆의 야르룽 계곡은 7세기에 성립된 티베트 통일 왕조의 이름이 유래된 곳으로, 수많은 불교사원, 수도원, 동굴, 성채, 그리고 신성한 봉우리가 산재해 있다.

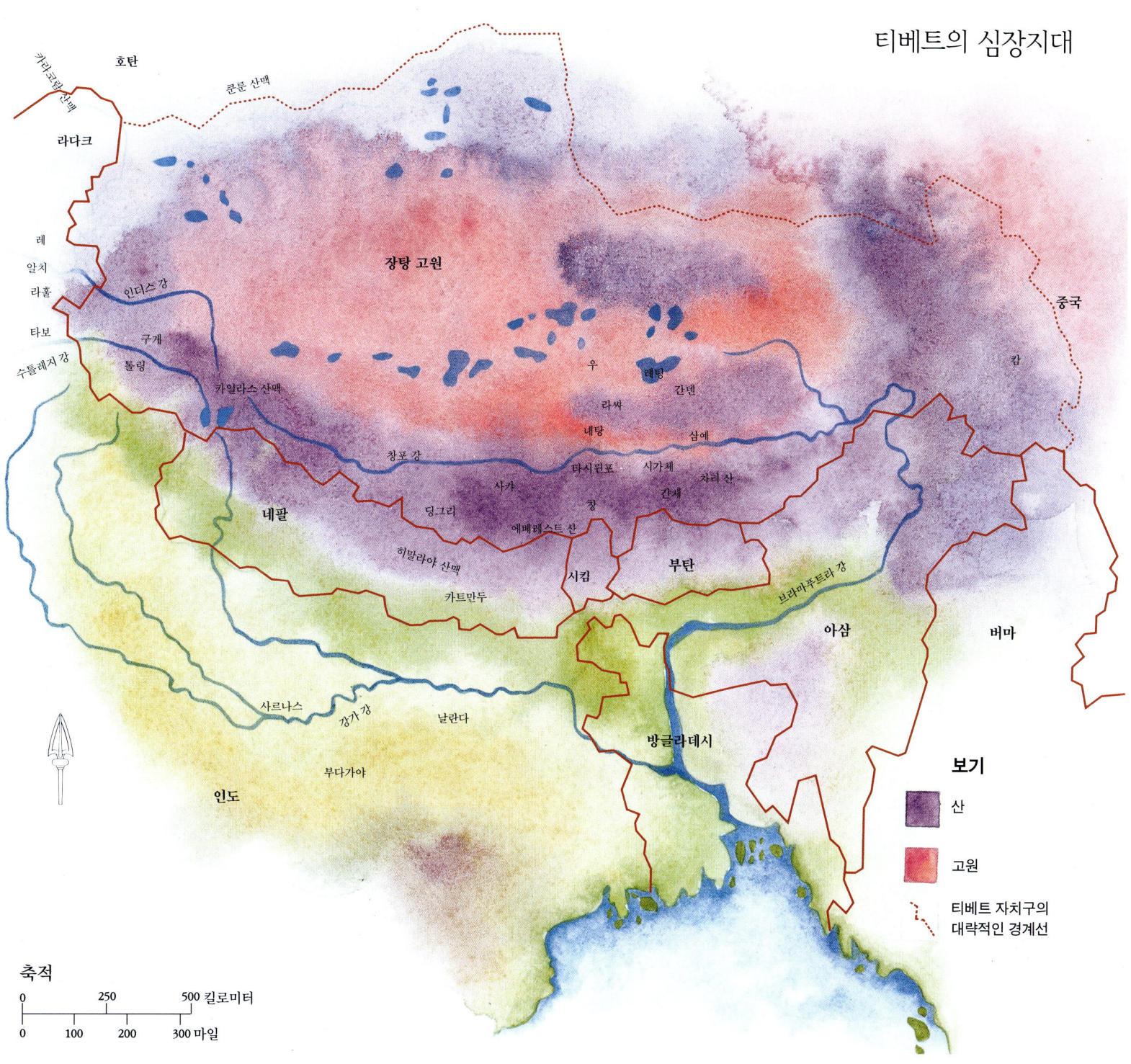

참조). 1042년 티베트에 온 그의 활동으로 말미암아 티베트는 불교 전래의 두 번째 단계를 맞이했다. 아티샤를 따르는 신도들은 '카담-파'라는 종단을 형성하여 일상생활을 하면서 보살의 이상을 구현하려고 노력했다.

다른 종단도 비슷한 시기에 만들어졌다. 예컨대 '사캬-파'는 몽골 제국에서 많은 신자를 확보했다. 쿠빌라이 칸(1215~1294) 황제도 그 중 하나였다. 14세기 중엽 몽골 제국의 몰락으로 '사캬-파'의 융성도 종말을 보게 되었으나 그후 재조정의 시기를 거쳐 새로워진 모습으로 티베트에 다시 나타났다. 뒤를 이은 '파모트루파'라는 새 왕조는 야르룽 제국의 영광을 되살리려고 노력했다. 이 시기에 파드마삼바바가 숨겨놓았다는 불교경전이 발견되어 그가 설립한 '닝마-파'에 새로운 힘을 불어넣었다.

당시 가장 영향력 있는 불교학자이자 종단 개혁을 주도했던 이는 총 카파(1357~1419)였다. 그는 아티샤의 가르침을 본받아 수도원적 계율의 엄격한 준수를 주장했다. 그를 따르는 신자들은 '황모黃帽'라는 뜻의 '게룩-파'를 설립했다. 처음에 '게룩-파'는 세속 일에 될 수 있는 한 관여하지 않는 태도를 취했다. 그러나 그들의 경건함은 몽골인의 관심을 끌게 됐다. 1578년 몽골의 지도자 알탄 칸은 게룩-파의 최고위 '라마'에게 달라이 라마라는 명칭을 부여했다. 그후 반세기 동안 달라이 라마는 몽골의 후원을 받아 티베트의 종교적·세속적 지도자로 자리잡게 됐다. 이런 신정정치는 중국 공산당 정부의 탄압에 못 이겨 1959년 14대 달라이 라마가 망명할 때까지 면면히 지속됐다.

왼쪽 삼예 도링으로 알려진 커다란 돌기둥. 티베트에서 가장 오래된 수도원이 있는 삼예의 중심 사원(40쪽 참조) 옆에 있다. 비석에는 불교가 국교라는 내용이 새겨져 있다. 라싸에서도 이와 비슷한 돌기둥을 볼 수 있다(20쪽 참조).

윰부 라강은 티베트의 첫 번째 왕인 은야트리 첸포가 세운 것으로 알려져 있다. 요새화된 궁전 형태를 띠고 있었으나 오랫동안 방치돼 있었다. 그러다가 여러 차례 중수重修를 했으며, 가장 최근의 보수공사는 중국의 문화대혁명이 끝난 후 1982년에 시작됐다. 내부의 법당에는 불상 및 야르룽 제국의 왕과 신하들의 상이 있다.

신성한 도시 : 라싸

라싸는 티베트의 수도이자 가장 큰 도시다. 라싸의 중심은 포탈라 궁으로, 14대 달라이 라마인 텐진 갸초가 중국 공산당 정부의 탄압을 피해 망명할 때까지 대대로 달라이 라마가 거주하던 곳이다. 웅장한 모습의 포탈라 궁은 제5대 달라이 라마인 로상 갸초가 즉위하자마자 착공되기 시작했다. 로상 갸초는 통치자로서 보여준 지혜, 관용, 그리고 추진력의 덕목으로 인해 '위대한 5대'로 칭송받는다.

포탈라 궁이란 이름은 포탈라카 산을 본따 지은 것이다. 포탈라카 산은 자비의 보살이자 티베트의 수호신인 관세음보살이 천상에서 거처하는 곳이다. 7세기 초에 포탈라 궁의 초석을 닦은 송첸 감포 왕은 제5대 달라이 라마와 함께 관세음보살의 화신으로 여겨진다. 그의 재위 시절에 현 궁전의 대부분이 건축됐다. 궁전의 규모는 엄청나지만 건축양식은 전형적인 티베트풍으로, 부드럽게 경사진 벽과 나무 대들보로 지탱되는 평평한 지붕으로 이루어져 있다. 이 지붕은 당시 유행하던 중국 건축양식의 영향을 받은 것으로 보인다.

17세기에 지어진 포탈라 궁은 수도 라싸를 굽어보고 있다. 이 궁은 1959년까지 수도원이자 요새, 그리고 달라이 라마의 거주지이자 티베트 정부 청사로 쓰여졌다.

포탈라의 외궁은 '백궁白宮'으로, 1959년까지 정부 청사가 있던 곳이다. 백궁의 담벼락 밑은 평평하게 되어 있어서 중요한 축제가 벌어지면 거대한 불교 탱화가 전시되곤 했다. 백궁 안에는 달라이 라마가 겨울을 보내는 거처와 촘첸 샤르라고 하는 3층의 전당이 있다. 이 전당은 달라이 라마가 즉위한 곳이며, 중국의 사신을 영접하는 곳이기도 했다.

백궁 위쪽에 있는 것은 '홍궁紅宮'으로 여러 사원과 불상, 묘역이 위치해 있다. 달라이 라마의 성스런 유골이 있는 곳도 여기다. 이 영역이 궁으로 조성된 것은 17세기 말이며, 제5대 라마의 죽음을 숨기고 섭정을 수행하던 상예 갸초 덕분에 완성될 수 있었다. 포탈라 궁은 달라이 라마와 게룩―파 종단이 통치하는 통일 티베트의 상징이라 할 수 있다.

포탈라 궁에서 그리 멀지 않은 곳에 티베트에서 가장 성스런 사원이자 '라싸의 성당'으로 불리는 조캉 사원이 있다. 이 사원으로 티베트 각지에서 신자들이 몰려드는데, 특히 새해가 되면 사원 통로는 사람들로 꽉 차게 된다. 송첸 감포 왕의 네팔 출신 부인인 브리쿠티 왕비가 647년에 세운 이 사원은 중수·복구 작업을 거듭해서 오늘날의 모습이 되었다.

조캉 사원의 중심부에는 조그만 방들로 둘러싸인 직사각형의 공간이 있는데, 인도의 불교사원을 본받아 만든 것이다. 정원의 오른쪽에는 조워 샤카무니 라캉이라는 커다란 회관이 있다.

이 회관에는 조워 린포체 Jowo Rinpoche라는 매우 유서 깊은 유명한 불상이 있다. 이 불상은 신적 존재인 '비시바카르마'가 인도에서 오묘한 솜씨로 만들었다고 하며, 옛날 인도 왕이 중국에 선물로 보냈다가 결국 이곳에 안치됐다. 이 이야기 속에는 기원전 3세기 인도의 위대한 아소카 왕이 불교를 널리 전파하려고 노력한 흔적이 깃들어 있다.

왼쪽 라싸의 포탈라 궁 지붕에 있는 여러 장식품 중 하나.

이 불상을 티베트에 가져온 이는 송첸 감포 왕의 중국 출신 부인인 웽 쳉이다. 650년에 왕이 죽은 후 불상은 조캉 사원에 모셔졌다. 그후 불상은 쉼없는 경배의 대상이 됐고, 아름답게 장식되었다. 불상의 머리 장식은 총 카파(18쪽 참조), 의상은 중국 명나라 황제가 마련했다.

아래 조캉 사원 지붕 너머로 포탈라 궁이 보인다. 조캉 사원은 수세기에 걸쳐 여러 번 보수를 했다. 마지막 보수공사는 1927년에 이뤄졌으며, 세라 사원의 몽골타 라마가 금박의 '법륜 Wheel of Dharma'을 설치했다.

티베트의 예술

극히 최근까지 티베트인들은 삶의 모든 측면을 불교적인 관점에서 파악했다. 강력한 불교 수도원과 라마승은 교육, 행정, 토지 소유, 경제적 생산활동 등 모든 것에 영향을 미치고 모든 것을 통제했다. 티베트는 세속과 종교 영역 간의 경계가 없으며, 달라이 라마가 정부의 수장이자 영적인 문제의 최고 권위자로서 다스리던 세계였다. 그래서 사실상 티베트 예술은 모두 종교적 목적을 지니고 있다.

예술가와 장인匠人은 수도원과 사원을 위해 일했으며, 그들의 걸작품들은 사당, 예불당, 또는 수도원의 도서관에 소중하게 보관됐다. 불단을 밝히기 위해 보석을 박은 촛대와 향로를 만들었고, 종교적 행진을 위해 가면을 만들었다. 인도와 중국에서 수입한 질 좋은 천과 자수 장식은 불상 옷과 티베트 종교생활에서 중요한 몫을 담당하는 탱화의 안감으로 사용됐다. 오늘날에도 이런 종교적 예술 활동이 면면히 내려오곤 있지만 중공의 무자비한 티베트 약탈이 자행된 이래 규모가 축소됐고, 아직도 회복하지 못하고 있다.

불교에서 종교적 이미지는 매우 중요한 역할을 한다. 조각상은 단지 붓다와 훌륭한 스승을 기념하거나 우주적 실재의 모습을 잊지 않게 하는 것만이 아니다. 상像은 무엇의 표상이라기보다는 생생히 살아 움직이는 것이며, 나타내고자 하는 것을 그대로 몸에 구현한다.

티베트와 다른 불교국가에는 불상을 만들어 바칠 때 불상 안에 무엇을 집어넣는 관습이 있었다. 티베트에서는 주로 금은에 동을 섞어 만든 것을 불상 안에 넣는다. 이로써 범속했던 것이 신성하게 되어 생생한 영향력을 지니게 된다. 불상 안에 넣는 물건의 종류는 매우 다양하지만, 대개 주문이 적힌 조그만 두루마리와 불상과 관련된 부적이 들어간다.

빼놓을 수 없는 것은 '속싱sogshing'(세로로 쪼갠 나뭇조각 혹은 나무 축軸)으로,

왼쪽 티베트 불단마다 놓여져 있는 버터 램프. 받침이 달린 잔 모양이고, 놋쇠나 은으로 만들었다. 버터를 가득 담고 심지를 박아 불을 붙이면 양초처럼 빛을 낸다.

오른쪽 라싸의 조캉 사원에 있는 파드마삼바바 상. 예배드릴 때면 이처럼 상에 천을 드리운다. 상 앞에는 다른 제구祭具와 함께 버터 램프가 가지런히 놓여진다.

— 26 —

왼쪽 15세기 중엽의 탱화. 붓다가 보좌에 앉아 있고, 그 옆에 수제자인 사리푸트라(사리불)와 목갈라나(목련)가 서 있다. 주위에는 아라한(12쪽 참조)과 천상의 신, 그리고 보시報施를 베푼 이가 그려져 있다.

오른쪽 천으로 덮고 공작 깃털로 장식한 물그릇. 불상 및 중요한 제구 안에는 영적인 힘이 있다고 여겨지기 때문에 매우 소중하게 다뤄지며, 살아 있는 존재처럼 의상을 입힌다.

불상의 살아 있는 '근간根幹'으로 여기는 '생명의 나무'다. 대부분 역사적인 인물의 상에는 화장 후 얻은 재를 한줌 정도 집어넣는다.

일단 '생명이 불어넣어'진 조각상은 살아 있는 존재로 취급된다. 따라서 옷이 입혀지고 좌석이 마련되며 음식과 물, 그리고 여러 공물이 바쳐진다. 그 중에는 버터와 참파(볶은 보리를 빻은 가루)로 만든 떡, 색칠한 진흙 떡도 있다. 예불에서 핵심적인 부분은 버터 램프에 불을 붙이는 것이다. 사람들이 많이 찾는 중요한 불상 앞에는 수십 개의 램프가 마련되곤 한다.

조각상과 마찬가지로 티베트의 탱화도 장식용만은 아니다. 탱화에는 신과 성물聖物, 혹은 성자聖者가 그려져 있고, 거꾸로 쓴 기도문을 헌정하여 생명을 불어넣는다. 가끔 헌정한 '라마'의 지문이 탱화에 들어가기도 한다. 탱화는 수도원이나 사원의 의례 행사 때 불당 안벽에 걸린다. 탱화는 교훈적인 목적으로 사용되기도 하며, 신심 깊은 신자들은 탱화를 경배하는 걸 당연시한다. 어떤 탱화는 일반인은 볼 수 없고 오직 신비적 수련을 하는 이들만 볼 수 있다.

연기 속에 피어오르는 티베트의 정신

향을 피우는 것은 티베트 의례생활에서 중요한 부분을 차지하며, 휴대용 향로가 불단에 놓인 걸 흔하게 볼 수 있다. 향로는 금속을 다양한 모양으로 조각해서 만든다. 입을 벌린 무서운 얼굴(왼쪽 그림)이 있는가 하면, 뚜껑에 직사각형으로 연기 구멍을 낸 것도 있다. 향로는 보통 8가지의 상서로운 문양(길상문 吉祥文)으로 장식된다(101쪽 참조). 8개의 문양 외에, 위의 것처럼 사슴 두 마리가 '법륜'을 보좌하는 형태도 있다. 이 사슴은 붓다가 사르나스의 녹야원에서 설한 최초의 설법을 상징한다.

성스러운 우주

왼쪽 19세기의 탱화로, 동방의 수호신 드리타라시트라를 형상화했다. 그는 천상의 음악가들을 관장하는 왕으로 여겨지기 때문에 손에 현악기를 든 모습으로 묘사된다.

티베트인들은 자신들의 나라를 성스러운 우주라 생각한다. 곳곳마다 신비적 힘과 의례 중심지로 가득 차 있고, 막강한 신들이 수호하는 성스러운 곳이 바로 티베트라는 것이다. 티베트에서는 어떤 자연 풍경, 어떤 건축물, 어떤 행위라도 모두 종교적 의미가 깃들어 있다. 깎아지른 듯한 산은 외경심을 불러일으키는 신들의 거처로, 깊은 동굴은 명상의 장소로, 그리고 구불구불한 길은 깨달음을 얻기 위해 거쳐야 할 단계로 여겨진다. 티베트인은 가는 곳마다 돌을 모아 만든 이정표, 기원하는 내용을 그리거나 새긴 돌 조각, 천으로 만든 깃발 등을 통해 자신들의 세계에 끊임없이 의미를 만들어나간다. 이런 작업은 이 세계에 강력한 영적 의미를 부여해준 고대 성자와 현인의 삶을 되새기는 일이기도 하다.

아래 순례자들이 시가체의 서쪽 끝에 있는 타시륀포 수도원을 향해 가고 있다. 타시륀포는 판첸 라마가 기거하는 곳이다. 티베트에서 판첸 라마는 달라이 라마에 버금가는 성스러운 존재다.

정신, 공간 그리고 깨달음

7세기경에 네팔인 브리쿠티 왕비는 송첸 감포 왕과 혼인을 맺어 티베트에 왔을 때, 거대한 여자 악마를 보았다고 한다. 왕비는 악마를 굴복시키기 위해 급소에 불교사원을 세우기로 했다. 악마의 치명적 급소는 심장이었는데, 라싸에 있는 조그만 호수가 바로 그곳으로 판명됐다. 호수는 곧 메워졌고, 그 위에 티베트에서 가장 성스런 사원인 조캉 사원(22~3쪽 참조)이 세워졌다. 악마의 양쪽 엉덩이와 어깨에 해당되는 곳에도 그 힘을 누를 수 있는 비보裨補 사찰이 세워졌다. 이 사찰의 건립은 티베트의 경관에 지울 수 없는 불교의 흔적을 남겨, 이전의 신앙을 효과적으로 압도하게 됐다. 이런 방법은 옛부터 시행되어온 것으로, 붓다도 자신의 가르침을 널리 펴기 위해 사용한 바 있다.

성소聖所를 새롭게 만들려는 시도는 8세기에도 계속됐다. 승려 샨타라크시타가 티베트 최초의 불교 수도원을 창포 강 근처 삼예에 세우려고 할 때, 그 지역의 토착 신은 공사를 사사건건 방해했다. 결국 샨타라크시타는 트리송 데첸 왕에게 인도에서 파드마삼바바를 초청하라고 조언했다. 티베트에 온 파드마삼바바는 다섯 붓다(89쪽 참조)가 그려진 부적을 땅에 놓고 7일 동안 명상에 잠겼다. 그러자 그의 신통력에 토착 신이 무력해졌고 더 이상 공사를 방해하지 못했다.

왼쪽 18세기에 만들어진 파드마삼바바 금동상. '두 번째 붓다'로 여겨지는 그는 티베트에 불교가 전파되는 걸 방해하는 마군魔軍을 신통력으로 굴복시켰다고 한다. 오른손에 갈퀴 모양의 천둥번개(86쪽 참조), 왼손에 불사약을 담은 그릇을 들고 있다.

8세기의 삼예에 세워진 수도원들 중에서 중심적 위치를 차지하고 있는 우체 사원. 수세기에 걸쳐서 상당 부분을 개조했는데, 예컨대 사진에 나오는 작은 뾰족탑 지붕은 1980년대부터 전면적으로 재건축됐다.

펼쳐진 우주적 공간

만다라는 불교적 우주관을 보여주는 지도와도 같다. 밖에 보이는 세계, 그 안에서 작동하고 있는 힘, 세계를 주재하는 크고 작은 신들이 모두 나타나 있다. 우주의 모든 요소와 신적 존재, 그리고 작동하고 있는 힘은 곧바로 인간의 성격 및 신체와 대응된다. 외적 세계와 내적 세계가 긴밀하게 연관돼 있음을 앎으로써 수행자인 '시다Siddha'는 비상한 통찰력과 신비로운 능력을 갖게 된다. 하지만 불교의 궁극적 목표는 지적 통찰과 신비스런 능력을 얻는 것이 아니라, 모든 존재가 결국 하나라는 것을 생생하고 흔들림 없이 깨닫는 것이다. 이 진리를 깨닫는 이는 지공의 지혜와 무한한 자비, 그리고 깊디깊은 평정함을 즐기게 된다. 만다라는 이런 깨달음의 상태를 추구하도록 도와주기 위한 것이다.

티베트 불교에서는 개인의 잠재력 계발을 종종 연꽃 모양의 만다라가 펼쳐지는 것으로 표현한다. 연꽃 잎마다 각각의 신들과 색깔, 신비스런 음흡 혹은 만트라(진언)가 연결되어 있으며, 연꽃의 중앙은 절대적 존재의 자리다. 만다라와 함께 정교한 비의적 의례가 행해지며, 수행자는 오랫동안 영적 단련을 받는다. 그래서 만다라의 펼쳐짐은 수행자의 깨달음과 나란히 진행된다고 여겨진다. 만약 제대로 수행이 이루어지지 않는다면 치러진 의례 전체가 쓸모없어지며, 심할 경우에는 우주적 힘이 잘못 빠져나와 수행자를 갈가리 찢어버릴 수도 있다.

티베트 만다라는 규모와 형태가 매우 다양하다. 몇 장의 조그만 종잇조각에 인쇄된 것에서부터 입체적으로 정교하게 그려진 것, 그리고 간체의 쿰붐 사원(36쪽 참조)처럼 사원 전체가 만다라인 것에 이르기까지 여러 모습을 지니고 있다.

종이에 그려진 만다라는 엄청나게 많이 만들어지곤 했지만 오래 보존

왼쪽은 닫힌 모양이고, **오른쪽**은 열린 모양이다. 이 연꽃 모양 만다라의 중심은 붓다를 비의적으로 표현한 차크라 삼바라를 나타낸다. 차크라 삼바라 주위는 여신들이 둘러싸고 있다. 연꽃 외벽에는 8가지 상서로운 문양(29쪽, 101쪽 참조)이 새겨져 있다.

'삶의 바퀴'(바바차크라무드라)를 담은 탱화로, 인간 삶의 여러 모습을 6가지로 나눠 보여준다. 무서운 악마가 바퀴를 잡고 있는 것은 물질계에 집착하는 인간의 성향을 상징한다.

되지 못하기 때문에 옛날 모습을 찾아보기 힘들다. 반면 벽화와 탱화에 그려진 만다라는 비교적 쉽게 찾아볼 수 있다. 탱화의 사면四面은 종종 천으로 장식되고, 그림을 보호하기 위해 덮개를 씌운다.

대부분 만다라의 공통점은 사각형 안에 원이 있는 형태라는 점이다. 핵심적인 것은 그림 중앙에 있는 신이며, 만다라가 불러일으키려는 것이 바로 그 신이다. 그 주변에는 신의 후광 및 관련 신들이 있으며, 그런 존재는 흔히 연꽃 잎 위에 자리잡고 있다. 그런 신적 존재의 밖에는 사각형이 굵게 둘러져 있고, 사면마다 T자형의 문이 그려져 있다. 문밖에는 몇 겹의 원이 연꽃 모양과 다른 문양(물결, 산)으로 장식되어 있다. 그 바깥에는 수호신과 성자를 나타내는 자그마한 상들이 일렬로 늘어서 있다.

놀랄 정도로 만다라의 모양이 다양한 까닭은 몇 가지 기본요소를 솜씨 있게 서로 조합하고 정교화하기 때문이다. 이는 깨달음을 얻는 방법이 한 가지에 그치는 것이 아니며, 저마다의 만다라와 명상 기법을 계발해온 티베트 전통과 연관된다.

바수다라를 보여주는 만다라. 바수다라는 우주의 붓다, 바즈라 사트바(금강살타 金剛薩埵)의 배우자다. 그림 중앙이 바즈라 사트바, 그 주위에 빛처럼 퍼져 있는 것이 바수다라다. 원 밖에 층층이 일렬로 앉아 있는 것은 불교에서 성스럽게 여기는 존재의 상이다.

대부분의 만다라(34~7쪽 참조)는 사각형 안에 하나의 원이 있는 형태. 하지만 알치 사원의 벽화처럼 여러 개의 만다라를 하나의 그림에 모아놓은 경우도 있다. 네 부분으로 그려진 만다라(39쪽)는 티베트 불교 사캬-파(18쪽 참조)의 수호신 헤바즈라를 묘사한 것이다. 그림 가운데에 앉아 있는 두 존재는 사캬-파의 라마, 즉 스승이다.

깨달음을 보여주는 건축 : 삼예

티베트에서 가장 오래된 삼예 수도원은 8세기경 산타라크시타와 파드마삼바바의 후원 아래 국제적이고 절충적인 양식으로 세워졌다. 이 인도 출신의 두 성인과 티베트 왕은 종교적 힘과 의미로 충만한, 전혀 새로운 장소를 만들어내려고 애썼다. 또한 티베트에 수도원 제도를 정착시킴으로써 티베트 사회를 완전히 새롭게 재편하려고 했다. 이렇게 재편된 사회에서 티베트인들은 붓다의 해탈의 길을 따라 자신들의 삶을 정돈하고 사고방식, 행위방식, 존재방식을 근본적으로 바꾸게 됐다.

삼예의 건축물은 새롭게 바뀐 그들의 우주관을 잘 보여준다. 전체적인 건물 배치가 만다라라는 불교의 거대한 우주적 도형에 따라 이뤄져 있는 것이다(34~7쪽 참조). 바깥 담장은 원형이며, 내부의 건축은 불교적 우주를 반영한다. 중앙에는 불교적 우주관의 심장부인 수메루(수미산)를 나타내는 사원이 자리잡고 있다. 이 사원은 인도, 중국, 티베트의 양식을 혼합하여 만든 여러 층의 커다란 건물이다. 그 주위에는 네 대륙을 나타내는 네 개의 성소聖所, 즉 '초르텐'이 서로 다른 색깔과 양식으로 세워져 있다. 각 입구에는 문을 지키는 수호자와 사자가 있는데, 그 중에서 가장 유명한 것은 중앙아시아에서 유래된 '페하르'라는 신이다.

사원의 도시 : 걘체

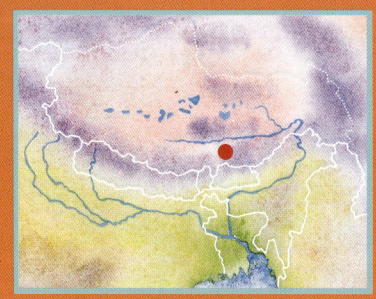

라싸와 시가체에 이어 티베트에서 세 번째로 큰 도시였던 걘체는 시킴, 부탄, 네팔, 동인도로 가는 길목에 자리잡고 있다. 그래서 양모를 비롯한 중요 무역의 중심지였다. 이 길을 여행자와 승려들이 수세기 동안 오갔지만 걘체의 전성기는 15세기에 이르러서야 찾아왔다. 이때 걘체는 작지만 번영을 누리던 티베트 왕국의 수도였다. 티베트의 성스러운 기념물 중에서도 매우 특별한 '쿰붐'이 세워진 것도 이 시기이다. 쿰붐은 만다라를 3차원적으로 훌륭하게 구현한 것이다.

도시는 굽이치는 언덕의 선을 따라 발달했고, 그 가장자리에는 담장과 탑이 세워졌다. 이런 언덕이 둘러싸고 있는 것은 수도원 구역이다. 한때 이 구역에는 사캬 - 파와 게룩 - 파(16~8쪽 참조) 소속 수도원이 밀집해 있었다.

걘체의 '쿰붐' 꼭대기에 있는 붓다의 두 눈은 한시도 쉬지 않는다. 이 사원은 15세기에 티베트와 네팔의 장인匠人들이 세웠다.

유명한 쿰붐을 앞에 두고 바라본 간체. 저 멀리 보이는 언덕 위의 요새는 1904년 프랜시스 영허즈번드가 이끄는 영국군 원정대에 의해 심각하게 훼손됐다.

쿰붐은 이러한 양식의 티베트 건축물 중에서 가장 잘 보존되고 가장 정교하게 만들어진 사원이다. 이 사원은 1436년에 헌당獻堂됐으며, 갼체 구역의 주요 후원자였던 랍탄 쿤장 파그스 왕자(1412~1442)의 통치기에 세워졌다. 건축에는 유명한 미술가들과 조각가들이 참여했으며, 네팔에서 온 장인들도 도움을 주었다. 쿰붐 사원은 계단식 피라미드 위에 둥근 북 같은 것이 있고, 그 위에 다시 정교한 원추형 뾰족탑이 놓인 구조다. 안에는 70개가 넘는 독립된 불당이 있고, 각 불당은 불상과 벽화로 가득 차 있다. 어둡고 좁은 통로를 따라가보면 쿰붐 꼭대기에 있는 조그만 방에 다다른다. 이 방에는 우주적 붓다인 바즈라 다라(86쪽 참조)의 상像이 안치되어 있는데, 게룩-파는 바즈라 다라를 매우 강력한 절대적 존재로 여긴다.

쿰붐 건축물 그 자체와 다양한 불상은 불교적 우주의 전체적인 모습을 잘 보여준다. 쿰붐의 맨 밑에서 꼭대기에 이르는 모든 것이 질서 있게 제자리에 배치되어 있다. 봉헌자들은 사원을 여기저기 참배하면서 건축구조에 함축되어 있는 불교적 시간관, 공간관, 그리고 인과의 관점을 저절로 체화하고 재확인하게 된다. 소우주적인 모델에 전체 우주를 담는다는 생각은 만다라에 잘 나타나 있다. 만다라의 기본형은 사각형 안에 원이 있는 모습이다(34쪽 참조). 쿰붐을 살펴보면 이런 만다라의 기본형이 얼마나 정교하게 다듬어질 수 있는지를 알 수 있다. 중앙의 원은 꼭대기의 우산 모양과 함께 층층으로 쌓인 첨탑 장식으로 나타나고, 사각형은 계단식의 피라미드로 표현된다.

왼쪽 갼체의 쿰붐을 모방한 사원 모형으로, 나무로 만들었다. 창문 안에는 여러 상像이 놓여 있으며, 모형 안에는 또 다른 불상과 이미지들이 숨겨져 있다. 지붕을 장식하기 위해 목걸이가 화환처럼 쓰여졌다.

초르텐의 여러 형태

초기 인도에서는 불교의 성스런 유물을 안치하는 데 흙이나 벽돌, 돌로 만든 둔덕을 이용했다. 이는 곧 탑(스투파)으로 발전했다. 탑은 붓다의 마지막 해탈인 '니르바나'를 상징하는 것으로 여겨졌다. 아시아 전역으로 불교가 퍼져가면서도 불교적 유물을 보존하는 탑의 주요 기능은 여전했다. 티베트에서는 이를 '초르텐'이라고 부른다. '초르텐'의 형태는 성스런 매장 유물을 위한 것뿐만 아니라, 불단佛壇에 놓여지는 금속 유물함(46~7쪽 참조)에도 사용된다. 티베트 '초르텐'은 꼭대기에 정교한 첨탑 장식이 층층으로 있으며, 가느다란 리본과 깃발로 장식되곤 한다.

성스러운 장소를 찾아가기

티베트의 순례지는 산, 호수, 강이 본래부터 순수하고 강력한 힘의 장소라는, 고대부터 뿌리깊은 공간관에 따라 그 의미가 부여된다. 티베트인에게 가장 성스러운 곳은 히말라야 산맥 서쪽에 있는 카일라스 산이다. 이 산이 자신의 개인적 갱신을 이룰 수 있는 가장 초월적이며 가장 강력한 곳이라고 생각한다. 눈 덮인 카일라스 산꼭대기 근처에서 아시아의 위대한 강 4개가 흘러내린다. 바로 인더스 강, 수틀레지 강, 창포(브라마푸트라) 강, 카르날리 강(강가 강의 지류)이다. 수세기에 걸쳐 순례객들은 이 강들의 발원지까지 거슬러올라가며, 이들 강에 중첩되고 때론 상반되기도 한 종교적 의미를 부여했다.

힌두교의 위대한 신, 시바 신이 카일라스 산 위에 영원히 살고 있다고 여겼기 때문에, 사람들은 붓다가 차크라 삼바라로 나타나는 장소로서 카일라스 산을 선택하고(34쪽 참조) 시바 신에게 밀교의 가르침을 베풀었다고 믿었다.

긴 천 그림의 일부. 중앙 티베트 동부의 차리 지역에 있는 성지聖地와 순례 길이다.

또한 카일라스 산은 본교 추종자들과 불교도들이 싸움을 벌인 곳이다. 본교 진영의 '나로 본 충'과 불교 진영의 '밀라레파'는 서로 신비적 능력을 과시한 후, 산꼭대기에 먼저 도착하는 쪽이 승리한다는 내기를 한다. 결국 밀라레파는 떠오르는 햇빛을 타고 산꼭대기에 올랐고, 내기에서 승리한다. 그후 본교는 카일라스 산을 잃게 되었지만 본교 신자들이 산을 참배하는 것은 자비심으로 계속 허용되고 있다. 본교 신자들은 그들의 옛 전통대로 산을 시계 반대 방향으로 돌며 참배한다.

예로부터 카일라스 산은 쉽게 접근할 수 없는 산으로 알려졌다. 산 자체가 신비스런 위엄을 지니고 있다고 여겨졌기 때문이다. 그래서 영적으로 순수한 사람만이 눈 덮인 산 정상(사진의 윗부분)을 볼 수 있다고 믿었다. 사람들은 여느 성소聖所처럼 카일라스 산도 걸어서 참배하는 것으로 존경을 표했으며, 험준한 산길을 며칠 동안 걸었다. 그 길에는 표지판 역할을 하는 작은 사당을 세웠고 기도문을 쓴 판자, 깃대, 그리고 동굴을 만들기도 했다. 동굴은 밀라레파와 파드마삼바바의 행적과 관련이 있다.

홀로 하는 수도생활

밀라레파는 보통 한 손을 들고 있다. 이는 널리 알려진 자신의 시나 노래를 읊조리고 있음을 나타낸다. 청동으로 만든 이 밀라레파 상은 18~19세기경의 작품이다.

붓다가 최초의 설법을 했을 때 그를 따르는 자는 겨우 5명이었다. 이렇게 출발하긴 했지만, 불교 공동체는 점점 커져서 강력한 신앙조직이 됐다. 이에 따라 수도자의 바람직한 삶의 규범을 제정할 필요가 생겼다. 곧 '비나야' 라는 율律이 만들어져 수도자의 삶을 규제하게 됐으며, 붓다 생존시부터 오늘날까지 대부분의 승려들은 고도로 조직화된 수도원에서 생활하고 있다. 특히 티베트의 수도원 생활은 두드러지며, 수도원은 주요한 문화·사회적 제도다.

수도원 조직의 중요성에도 불구하고, 불교는 붓다가 홀로 수행하여 '니르바나' 에 이르렀다는 점, 깨달음을 추구하는 자는 누구나 자기 자신의 힘으로 성취해야 한다는 점을 소홀히 하지 않았다. 그래서 티베트 불교의 위대한 스승들은 오랫동안 외롭고 고적한 장소에서 해탈을 위해 수행했다.

티베트에서 가장 사랑받는 성자인 밀라레파는 많은 사상을 편력한 사람이다. 집념이 강한 그는 젊었을 때 요술과 흑마술黑魔術을 부렸으나, 자기 잘못을 참회하고 '마르파' 라는 티베트 남부의 스승에게 귀의했다. 마르파는 인도 동부의 여러 수도원에서 오랫동안 수행한 이로, 예외적일 만큼 밀라레파를 엄하게 교육시켰다. 밀라레파는 불교 명상법의 비밀을 체득했고, 특히 인도에서 마르파를 가르친 나로파의 신비적 수행법을 깊이 알게 됐다.

나로파는 위대한 수행자에게 붙이는 '마하시다' 의 칭호를 받은 성자들 중 한 명이었다. '마하시다' 는 비범

오른쪽 높은 산의 봉우리와 길목은 깃발과 공물供物로 뒤덮여 있곤 한다. 티베트인은 깃발이 바람에 펄럭이면 축복이 퍼져나간다고 믿는다.

밀라레파는 이상적인 능력과 해탈을 얻고자 여러 해 동안 외딴 산의 동굴에서 수행했다. 이 사진의 동굴은 티베트의 수많은 동굴처럼 밀라레파에게 바쳐졌다. 이 승려는 밀라레파를 본받아 일상생활의 안락함을 버리고 영적 훈련을 위해 동굴에서 생활하고 있다.

한 통찰력과 초인간적 능력으로 유명한 84명의 성자에게 부여됐는데, 이들은 카 규 파를 비롯한 관련 학파의 가르침과 텍스트를 발전시키는 데 기여했다(16쪽 참조).

나로파의 가르침을 자유자재로 활용할 수 있게 된 밀라레파는 놀랄 만한 신체적 강건성을 유지하게 돼서 히말라야 산맥의 혹심한 추위도 견뎌낼 수 있었다. 티베트 남부를 떠난 그는 홀로 산에 들어가 구도생활을 계속했다. 서쪽으로 방랑하던 그는 은야람 근처에 있는 남카딩 동굴에 이르렀다. 그곳에서 오랫동안 명상을 하며 수행했는데, 그가 앉았던 바위에는 지금도 그 흔적이 남아 있다고 한다.

여느 은둔자와 마찬가지로 밀라레파는 명상을 계속하기 위해 사람들 눈에 띠지 않는 곳으로 들어갔다. 세상을 등지고 외딴 곳에 간다는 것은 안전한 문명생활을 버리고 야생동물과 험악한 존재가 출몰하는 예측불허의 곳으로 간다는 걸 뜻한다. 이런 것들은 인간 마음 속에 있는 사악함이나 불교의 적敵, 즉 고대의 신들이기도 했다. 밀라레파는 자신의 사악한 과거를 극복하는 한편, 카일라스 산에서 본교 신들을 무찔렀다(48쪽 참조). 그래서 그는 위대한 3명의 '정복자' 중 한 명으로 존경받는다. 적대적이던 신들을 불교 신앙의 수호자로 탈바꿈시키는 밀라레파의 영적 권능에 티베트인들은 찬탄을 금치 못했던 것이다. 다른 두 명의 '정복자'는 파드마삼바바와 붓다이다.

밀라레파는 자신의 수도원을 세우거나 교단에 속해 있던 적이 없다. 그러나 그의 상像은 티베트의 방방곡곡에서 볼 수 있으며, 그의 시와 노래는 어디서나 들을 수 있다.

낙포파는 마하시다('위대한 수행자') 중 한 명으로, 11세기에 인도에서 티베트로 왔다. 그에 관한 수많은 전설이 전해지고 있는데, 예컨대 수명이 수백 살이었다거나 중국과 일본에 선불교를 전한 보리달마Bodhidharma였다는 전설 등이다.

험악한 지역

'세계의 지붕'인 티베트는 지구상에서 가장 높은 지역이다. 가장 낮은 곳 중의 하나인 수도 라싸의 고도가 3,590미터(11,800피트)나 되므로, 티베트인들은 험준한 지형에서 인간이 처하게 될지 모르는 곤경을 떠올리곤 한다. 티베트에서 가장 험난한 곳은 북부 고원지대인 '장 탕'이다(위). 이곳의 평균 고도는 4,500미터(14,800피트)이고 황량한 고원이 광대하게 펼쳐져 있다.

소금기 있는 호수가 군데군데 있는 장 탕의 날씨는 혹독하기로 악명 높다. 그곳을 지나가는 여행객의 한쪽 뺨은 햇볕에 화상을 입고, 다른 쪽 뺨은 동상에 걸린다고

알려져 왔다. 이 황량한 곳에서 드물게나마 볼 수 있는 건 유랑하며 가축을 치는 이뿐이다.

티베트의 다른 지역은 장 탕처럼 혹독하지는 않다. 티베트의 남부지역은 고도가 높음에도 강줄기를 따라 보리, 귀리, 콩, 그밖에 여러 곡물을 생산한다. 그러나 강 위의 산록지대는 계절에 따른 방목만이 가능할 뿐이고, 산꼭대기는 완전히 불모지대로서 1년 내내 눈으로 덮여 있다.

질병, 위험, 악마

티베트의 전통적 관점에 의하면 세상은 신비스런 힘들로 가득 차 있고, 이 힘들은 삶의 모든 부분에 영향을 미친다. 또한 바위, 강, 나무, 땅 그 어디에나 정령들이 살고 있다. 그래서 나무를 베고, 땅을 판다든지 하는 인간의 행위로 자연의 질서가 어지럽혀지기 전에 미리 정령들을 달랠 필요가 있다고 여긴다. 마찬가지로 하늘은 신들로 가득 차 있다. 그 중 몇몇은 악마적인 사냥꾼이어서 화가 나면 인간에게 질병과 죽음을 가져온다고 한다.

인도에서처럼 '나가-라자(뱀왕)'는 풍요, 농작물, 물과 연관된다. 뱀이 물과 연관 있고 애꿎은 불행을 가져다주기도 한다는 건 조캉 사원이 세워진 호수에 살던 뱀(22~4쪽 참조) 이야기에도 나타난다. 사원을 세우기 위해 호수를 메우자, 뱀은 라싸의 성스러운 '차크포리' 산 동굴에 감금된다. 한편 뱀왕은 보물을 지키고 있었는데, 이 보물이란 불교적인 맥락에서는 대개 사리, 불사약, 보석 '친 타-마니'(81쪽)를 일컫는다. 이 뱀의 최대 적수는 독수리 머리를 한 '가루다'이며 항상 부리로 뱀을 물고 있는 것으로 묘사된다. 가루다는 뱀왕의 보물을 빼앗아서 '친 타-마니'는 관세음보살의 연꽃 속으로 돌려보내고, 사리는 탑으로 보내 숭배받게 하고, 불사약은 무한한 생명의 부처인 무량수불(아미타불)에게 되돌려준다.

예로부터 탈속脫俗과 초연함을 강조하던 불교의 엘리트 전통은, 백성들이 처해 있는 현실적 위험에 그다지 설득력 있는 대안을 마련해주지 못했다. 그래서 티베트를 비롯한 대부분의 불교사회에는 다양한 종류의 샤먼과 치료사가 있다.

티베트인들은 '푸르-부'라 알려진 제의용 단도가 사악한 힘을 물리친다고 믿는다(이 단도는 불교 의례에도 사용되곤 한다). 샤먼이 푸르-부를 써서 악한 정령을 제압할 수 있다고 보는데, 이 단도가 공중을 날아다니며 적을 무찌르고 날씨까지 바꿀 수

왼쪽 사악한 세력을 무찌르기 위한 제의용 단도(푸르-부). 이는 티베트 불교에서만 볼 수 있는 독특한 것이다. 이 '푸르-부'는 19세기에 청동으로 만든 것으로, 신과 여신의 합일(102쪽 참조)을 형상화한 걸 볼 수 있다.

오른쪽 독수리 형상의 가루다는 사악한 세력으로부터 인간을 지켜주는, 위대한 수호자 중 하나이다. 고대 신화에서는 뱀을 물리치고 불사의 영약을 지키는 존재로 널리 알려졌다. 티베트에서는 일부 '홍모紅帽'파가 가루다를 자신들의 상징으로 삼았다. 이 가루다는 19세기에 만들어진 것으로 나무에 금박을 입혔다.

티베트의 순례자들은 틀을 찍어 만든, 조그만 진흙판과 초르텐을 곳곳에 남겨놓는다. 위 사진은 간덴의 어느 이름 모를 곳에 수많은 '챠-챠'가 봉헌되어 있는 모습이다. 간덴은 수도원이 있는 지역으로 라싸에서 동쪽으로 40킬로미터쯤 떨어져 있다.

있다고 믿는다.

한때는 티베트에서도 희생제의가 성행했다. 대개 집단의 악의 상징으로 지위가 낮은 사람들이 뽑히는데, 정교한 퍼레이드를 펼치며 그들을 쫓아낸다. 승려들은 화려한 의상과 무시무시한 가면을 착용한다. 극적劇的인 면에서는 좀 떨어지지만, 정령에 씌어서 생긴 질병을 없애기 위해 조그만 '속죄 방망이'도 사용한다. 티베트인들은 대개의 질병이 악한 정령 탓이라 여기기 때문에 건강을 되찾으려면 이를 쫓아내야 한다고 믿는다.

삶에 대한 티베트인의 생각은 실용주의적이다. 인간사에서 질병, 불행, 위험을 완전히 없애버릴 수 없는 것처럼 악마적 힘이나 사악한 신들을 송두리째 없앨 수는 없다고 생각한다. 최선의 방책은 사악한 세력이 제멋대로 활동하지 못하게 묶어두거나 제자리에 있도록 만드는 것이다. 기도를 하고, 덕 있는 행위를 하며, 의례를 올바르게 수행하는 일은 그런 세력을 제자리에 묶어두는 일이 된다.

성스러운 장소와 그곳을 찾는 이들의 신성한 청정淸淨함을 강화하고 유지하는 데 주로 사용하는 방법은 부적과 봉헌물이다. 불교를 믿는 곳에서는 널리 사용되며, 티베트에서는 '챠-챠'라 부르는 부적을 성소와 순례지 어디에서나 수없이 찾아볼 수 있다. 부적은 진흙으로 만들며 성스런 이미지·초르텐·불경 구절이 찍혀 있다. 진흙 '챠-챠'에는 위대한 승려의 장례식에서 얻은 재처럼 신성한 것이 들어가기도 한다. 그런 것은 특히 영험한 부적으로 여겨진다.

선악의 불가피한 공존을 가장 뚜렷하게 보여주는 예는 많은 불교사원에 있는 '곤-캉'이라는 별실로, 예전에 이곳을 지배하던 사납고 무서운 신들을 위한 공간이다. 불교가 이곳을 접수했을 때 그들은 내쫓긴 신세가 됐지만, 지금은 이 성스런 곳의 수호자로 여겨진다.

앉아 있는 보살이 새겨진 12세기의 인장(위쪽)과 이를 점토판에 찍어낸 것(왼쪽). 이런 인장은 봉헌물로 쓰이는 조그만 판(챠-챠)을 대량으로 찍어내는 데 사용됐다.

부적

티베트 부적은 위에 보이는 것처럼 여러 신 및 상서로운 문양으로 되어 있다. 색칠을 한 조그만 진흙판이 전통적인 부적 형태인데, 어떤 것은 상자에 보관한다. 이런 부적 상자는 부적을 지닌 자를 악한 힘으로부터 더욱 잘 보호해준다고 여겨진다. 부적 상자는 일종의 이동 사원과 같아서, 집 안의 제단에 모셔지기도 한다. 61쪽 나무상자의 진흙판에는 사자 위에 앉아 있는 관세음보살이 묘사돼 있다.

신을 불러낸다

승려들이 중국 간쑤 성甘肅省의 라브랑 수도원에서 벌어진 축제의 한 행진에 참가하고 있다. 그들은 새의 볏과 같은 독특한 모자를 쓰고 있는데, 이는 게룩-파('황모')에서만 볼 수 있다.

아래 장례식에서 행하는 기도는 이런 식으로 손으로 받아적는다. 티베트인은 여러 종류의 물결치는 듯한 선으로 음의 강약과 높낮이를 나타내는 악보 체계를 발전시켰다. 붉은색 글씨는 기도의 음절을 나타내고, 가운데의 검은색 글씨는 기도의 종교적 의미를 서술한 것이다.

티베트의 성스러운 세계는 온통 독경, 만트라 음송, 종과 심벌즈, 그리고 트럼펫과 북소리로 가득하다. 이 모든 소리는 티베트 불교적 삶과 의례에서 없어서는 안 될 요소다. 티베트에는 그야말로 다양한 불교경전과 악기가 있다. 그런 것이 얼마나 정성스럽게 만들어지고, 장식되고, 축성祝聖되는지를 살펴보면 티베트에서 성스러운 말과 음이 핵심적 위치에 있음을 알 수 있다. 음이 지닌 강력한 힘은 붓다의 수제자인 사리푸트라 이야기에 잘 나타난다. 붓다는 사리푸트라에게 모든 피조물이 존재하게 된 이유와 그로부터 벗어날 수 있는 방법을 말했는데, 사리푸트라는 단지 그런 붓다의 말을 듣는 것만으로 깨달음을 얻었다.

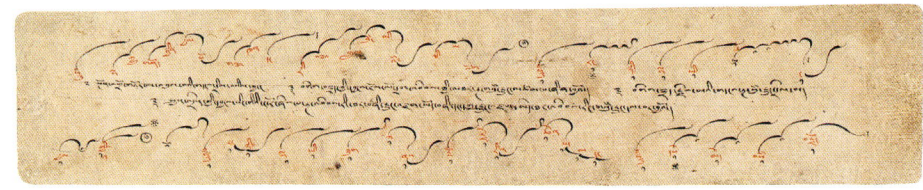

음악과 의례

불교적 삶에서 침묵의 명상이 두드러지긴 하지만, 기원전 1세기 이후로는 온갖 음악과 춤을 동반한 대규모 행진과 소란스런 의례 또한 없어서는 안 될 요소가 됐다. 인도 중부에 위치한 산치의 스투파에 조각된 초기 불교의 부조浮彫에는 북 치는 이, 춤추는 이, 그리고 두 개의 나팔을 불고 있는 이가 묘사돼 있다. 7세기경 불교가 티베트에 전래될 때, 이런 의례 전통도 함께 들어왔기 때문에 대부분의 티베트 의례에는 노래와 악기가 함께 사용된다. 의식은 수도원에서 승려들만 참가하게 되어 있지만, 종종 대중에게 개방하기도 한다. 이런 공공 의식에는 춤과 음악이 따르며, 예전에는 희생제의(56쪽 참조)와 라 참 lha-'cham이라는 신비극神秘劇도 행해졌다. 한 해가 저물어갈 무렵, 수도원 앞에서 승려들이 가면을 쓰고 춤을 추며 상연하는 이 놀이는, 악의 세력을 인형으로 만들어 공격하고 파괴함으로써 새해가 산뜻하게 시작되도록 하는 데 중점을 둔다.

가장 독특한 티베트 악기는 인간의 뼈로 만든 것으로, 인간 존재의 덧없음을 일깨우기 위해 사용된다. 나팔은 넓적다리뼈에 보석을 박고 금속으로 장식해서 만든다. 이 악기는 악마를 쫓는 힘이 있다고 여겨졌기 때문에 종종 축귀逐鬼 의례에 쓰인다. 또한 무서운 신들이 묘사되어 있는 그림(122쪽)에서 볼 수 있으며, 그 신들을 숭배할 때 연주된다. 인간 해골 위쪽을 붙여서 만든 북도 마찬가지다. 이 북은 모래시계처럼 생긴 고대 인도의 북 '다마루'를 모방해서 만든 것으로, 축귀 의례뿐만 아니라 경전 음송 때도 연주된다.

옆 승려들이 인도 다름살라 근처에 있는 네충 수도원 지붕에서 불교 의식의 시작을 알리기 위해 기다란 나팔을 불고 있다. 이 길고 큰 트럼펫은 조립해서 만드는데, 사용하지 않을 때는 망원경처럼 접을 수 있다.

오른쪽 사람의 해골 2개를 붙여서 만든 북. 해골로 북을 만든 이유는 인생사의 덧없음을 끊임없이 환기시키기 위함이다. 가운데 붙어 있는 것은 '딱딱이'인데 가죽끈을 잡고 북을 돌리면 딱딱이가 북을 두드려 소리를 낸다.

조개껍질로 만든 나팔로, 보석을 박고 용 문양으로 장식했다. 19세기로 접어들어 티베트 예술에서 용 같은 중국 문양이 점점 더 많이 나타났다.

이 오보에 같은 나팔은 19세기 작품이다. 몸체는 은이며 온통 청록색의 터키석, 라피스 라줄리(짙은 청색을 띠는 암석), 붉은 루비와 조개껍질로 장식되어 있다. 티베트의 모든 관악기처럼 이 나팔도 쌍으로 연주되는데, 숨을 쉬기 위해 한 명이 연주를 멈춰도 음이 끊어지지 않도록 하기 위함이다.

조개껍질로 만든 나팔은 인도와 티베트에서만 볼 수 있다. 조개껍질은 머나먼 인도 해안에서 히말라야 산맥까지 운반해온 것으로, 신의 현현을 알리는 악기 제작에 쓰인다. 한때 이 악기는 전쟁의 파괴력을 한꺼번에 방출한다고 여겨지기도 했다. 그러나 불교가 티베트 국교가 된 후에는 승려들의 기도 시간을 알리는, 보다 평화로운 목적에 사용됐다. 어떤 지역에서는 농작물이 우박에 피해를 입는 것을 막아주는 데도 쓰인다. 깊은 소리를 내기 위해 입으로 부는 부분과 몸통은 금속으로 만들었고, 보석으로 장식한 불룩한 테두리에는 천 장식을 덧붙여놓았다.

티베트의 관악기는 항상 짝을 지어 연주된다. 두 명이 동시에 연주를 시작하고 번갈아 숨을 쉬어가며 소리가 그치지 않게 한다. 커다란 트럼펫은 길이가 5미터 가까이 되는데, 단조롭고 깊은 저음을 끊이지 않고 만들어낸다. 불교 의식의 시작을 알릴 때는 수도원 지붕에서 연주된다. 유일하게 멜로디를 낼 수 있는 악기는 구멍이 나 있어서 손으로 연주하는데, 오보에와 비슷하게 생겼다. 이 악기는 축귀 의례를 제외한 모든 의식에 사용한다.

심벌즈도 널리 사용되는 악기다. 커다란 심벌즈는 옻칠한 상자에 넣어 보관되다가 무서운 신과 평화로운 신들 모두를 숭배할 때 사용되며, 의례의 시작과 끝을 알리는 역할을 한다. 조그만 심벌즈는 손바닥만한 크기로 조그만 중국 비단 주머니에 보관되다가 개인의 기도에 사용된다. 심벌즈 소리는 놀라울 정도로 마음을 평온하게 안정시켜준다.

성스러운 소리

3천 년도 넘는 긴 시간 동안 남아시아 문명은 말의 힘이 지닌 중요성을 강조해왔다. 제대로 말해지고 읊어진 단어는 단순히 객관적 세계를 묘사해놓은 것이 아니라, 실재의 본질이 깃든 성스러운 소리로 여겨졌다. 소리는 창조적인 힘을 가지고 있어서, 사물에 영향을 미치고 효력을 낳는 현실적인 능력이 있다고 여긴 것이다.

그런 강력한 변화의 힘을 지닌 말과 구절을 일컬어 만트라('사유思惟·명상冥想의 수단')라 한다. 만트라의 종류는 매우 다양하며, 어떤 것은 아무런 논리적 의미 없이 말과 소리를 임의로 묶어놓기도 했다. 그러나 어떤 만트라든지 예배나 명상에서 특정한 목적을 지니고 있으며, 개인과 주변 환경에 특정한 효과를 발생시키도록 꾸며져 있다.

만트라에 관한 지식은 은밀하게 감춰져 있으며, 문자화되지 않은 채로 스승이 제자에게 전수하게 마련이다. 그러나 몇몇 만트라는 모든 티베트 불교도에게 축복을 주는 주술적 힘이 있는 것으로 여겨져 어떤 경우에나 사용된다. 그 중 가장 대중적인 만트라는 '옴 마니 반메 훔'으로, 티베트의 수호자인 관세음보살(94~5쪽 참조)에게 바치는 여섯 음절의 기도문이다. 그 뜻은 '옴, 연꽃 속의 보석이여, 훔'이며, 처음과 마지막 음절은 특별한 의미를 가지고 있지 않다. 티베트 어디에서나 이 만트라를 찾아볼 수 있는데 경통經筒 안의 두루마리에 인쇄하기도 하고, 건물의 창틀이나 둥글고 넓적한 돌에 새기기도 하고, 사람들이 오가는 산 고갯길의 돌무더기 속에 있기도 하다. 염주를 돌리며 만트라를 반복하는데, 역경에 처할 때면 어김없이 관세음보살의 자비와 공덕을 얻기 위해 이 주문을 외운다.

왼쪽 자비의 보살인 관세음보살의 만트라는 티베트에서 가장 인기가 높다. 19세기경에 나무에 도금하여 만들어진 이 입상은 얼굴이 11개이며, 하단에는 용의 모습이 정교하게 묘사되어 있다.

라싸의 절벽에 새겨진 관세음보살의 만트라, '옴 마니 반메 훔'. 티베트 곳곳의 바위와 석판에 이 부적과 같은 구절이 새겨져 있는 걸 볼 수 있다.

마니의 길

카트만두 방면의 오래된 길 위에 있는 랑탄의 고갯마루. 이 고갯길은 풀이 무성한 네팔의 계곡과 티베트의 건조한 고원지대 사이에 위치해 있다. 길옆에는 원추형 돌무덤, 조심스레 쌓아올린 돌무더기, 그리고 석판더미가 줄지어 있다. 석판 중에 만다라(36~7쪽 참조)와 만트라(68쪽 참조)가 새겨진 것도 있는데, 가장 흔한 만트라는 '옴 마니 반메 훔'이다.

랑탄의 고갯마루에 이 만트라가 많은 것은 티베트의 수호자인 관세음보살의 힘을 빌어 티베트 관문을 지키려는 뜻을 담고 있다. 티베트·네팔·인도 간의 무역은 이 같은 고갯길을 거쳐 이루어졌다. 주로 노새, 야크, 당나귀를 운반수단으로 삼아 모피, 가죽, 야크 꼬리, 붕사, 소금, 사향, 약초를 거래했다.

전능한 10개의 주문

'열 개의 전능함'이라고 알려진 문자의 집합은 티베트 장식에 널리 사용되며, 목판책 표지 밑그림에도 종종 나타난다. 이 강력한 만트라는 '옴, 함, 크샤, 마, 라, 바, 라, 야, 훔, 파트OM HAM KSHA MA LA VA RA YA HUM PHAT'라는 10개의 산스크리트 음절로 이루어졌는데, 티베트의 중요한 불교문헌인 '칼라차크라 탄트라'에 묘사되어 있는 것과 같은 우주를 나타낸다. 위(73쪽)는 망치로 두드려 만든 청동 부적 상자로 '전능한 10개의 주문'이 은으로 강조되어 있다. 왼쪽(72쪽)은 주문이 금으로 되어 있다.

다르마를 기록하기

붓다의 입적 후, 그의 가르침을 결집하고 수도생활의 규칙을 정하기 위한 제자들의 모임이 여러 번 있었다. 이렇게 해서 모은 지식을 '다르마'라 하며, 처음에는 구전되다가 점차 문자화됐다. 이 다르마를 바탕으로 해서 주석과 독특한 해석이 축적되어갔다.

초기의 불교문헌은 팔리어로 이루어졌다. 팔리어는 산스크리트와 밀접히 연관되어 있고, 붓다가 설법에 사용한 언어라고 여겨졌다. 또한 인도 남부 불교에서 주석을 다는 데 사용했으며, 오늘날에도 식자층은 팔리어를 쓴다. 하지만 인도 북부에서는 고대 인도의 '고전어'인 산스크리트어가 지배적인 문자로 자리잡았고, 불교 일파―派인 마하야나 학파와 바즈라야나 학파도 이를 채택했다. 그리고 7세기경에 이들 학파가 티베트에 들어왔다. 티베트 문자가 개발된 것도 바로 이때였다. 송첸 감포 왕이 인도에 연구 사절단을 보내는 등 전력을 다한 끝에 티베트 문자를 만들어낸 것이다. 그후 티베트 문자는 큰 변화 없이 유지됐다.

위 티베트의 책들은 길고 좁다랗고, 이절지 二折紙에 가로쓰기를 한다. 각 페이지 중앙에 구멍을 뚫어 끈으로 묶어 제본한다. 이런 방식은 야자 나뭇잎을 사용한 데서 유래했으나 종이 책을 만들 때도 여전히 쓰이고 있다.

오른쪽 티베트 승려가 중국 간쑤 성의 랑무시에 있는 수도원 마당에 앉아서 불경을 읽고 있다. 최근까지 큰 수도원은 학문의 중심지였으며, 재능 있는 승려는 엄격한 훈련을 받으며 불교의 모든 측면과 전통 지식을 익혔다.

산스크리트로 시행된 교육 전통은 인도 동부의 유명한 수도원 대학인 날란다에서 특히 강했다. 그곳에서 많은 티베트인들이 공부를 했고, 수세기에 걸쳐 산스크리트어 문헌은 티베트어로 번역되어 보존됐다. 그래서 이미 인도에서 없어진 문헌도 티베트에 남아 있다. 부―스톤(1290~1364)이란 티베트 학자는 불경을 108권의 책으로 체계화했다. '카규르'로 알려진 이 문헌은 1794년에 몽골어로 번역됐다. 이는 몽골인들이 티베트 불교로 개종한 지 약 1세기가 지난 때였다.

책표지 장식

책표지는 티베트의 위대한 예술 형식 중 하나다. 나무로 만든 표지에는 불상(76쪽)이나 상서로운 문양을 새겨넣으며, 밑 부분에는 소용돌이 모양을 양각한 다음 색칠하고 도금한다. 표지 안쪽에는 색칠한 인물상들을 넣기도 한다(77쪽).

전경기와 승리의 깃발

전경기 prayer wheel는 승려와 평신도 모두 애용하는 티베트 고유의 종교적 도구다. 손으로 돌리는 전경기는 못 위에서 회전하는 북 모양의 금속이 있고 그 속에 주문을 돌돌 말아넣는다. 가장 널리 알려진 주문은 '옴 마니 반메 훔'(68쪽)이며, 종종 통 바깥에 새기기도 한다. 손목을 한 번 흔들면 전경기가 돌아가는데, 사람들은 그때마다 안에 적힌 내용을 음송하거나 읽은 것이 된다고 여긴다. 하나의 전경기에 4만 개의 만트라를 집어넣을 수 있으므로, 통을 몇 분만 돌리면 수백만의 만트라를 반복한 것과 마찬가지인 셈이다. 만트라를 마음속으로 외거나 나직하게 중얼거리는 것이 가장 강력한 효과를 낸다고 여기기 때문에 전경기를 소리나지 않게 돌리는 것이 가장 좋은 방법으로 알려져 있다. 통을 돌리는 것은 신의 가호를 받고 공덕을 쌓는 일로 여긴다. 만트라, 만트라와 연관된 신적 존재, 그리고 신자들이 서로 밀접하게 의례의 한 부분을 이루며, 이 의례는 신적 존재의 축복을 널리 퍼뜨리기 위해서 마련된다.

대부분의 티베트 사원에는 크기가 1미터쯤 되고 겉면에 만트라를 색칠한 대형 전경기가 있다. 이런 통은 사원 복도에 길게 배열되어 있게 마련이며, 신자들은 복도를 지나면서 이 통을 돌린다. 어떤 전경기는 바람이나 물에 의해 돌아가게끔 되어 있다.

전경기가 영구히 돌아가면 세상에 성스러운 기운이 가득해서, 깨달음을 위해 정진하는 사람이 미혹되지 않고 힘을 내도록 축복한다고 한다. 붓다의 가르침인

오른쪽 전경기|轉經器는 통 밖에 쓰여지거나 통 안에 집어넣을 만트라를 반복하여 돌리도록 만든 기구다. 은으로 만든 이 전경기에는 '옴 마니 반메 훔'이라는 대중적인 주문이 쓰여져 있다.

옆 중국 간쑤 성의 라브랑 수도원에서 전경기를 돌리고 있는 티베트 승려들. 이 통에는 상서로운 상징과 '전능한 10개의 주문'(72쪽)을 포함한 만트라가 칠해져 있다. 티베트인들은 통을 돌리면 이 모든 주문과 상징이 효력을 나타낸다고 믿는다.

왼쪽 불교를 믿는 지역에서 깃발을 봉헌물로 사용하는 건 흔히 볼 수 있는 모습이다. 티베트에서는 흔히 언덕마루와 산길의 돌무덤 위에 세워져 있다. 이 사진은 라싸와 네팔을 잇는 '우정友情 고속도로'의 시가체-라체 노선에 있는 돌무덤과 깃발이다.

오른쪽 중앙아시아의 돈황 동굴에서 발견된 9세기경의 깃발. 바즈라파니(금강수) 보살이 보이며, 긴 장식이 아래로 늘어뜨려져 있다. 크기와 기능면에서 티베트의 공식 행진 때 사용하는 깃발과 긴밀하게 연관돼 있다.

다르마는 보편적이고 영구적이라고 해서 '전륜轉輪', 즉 돌아가는 바퀴에 비유되곤 한다. 이 전륜은 불교의 8가지 상서로운 문양(100~1쪽) 가운데 하나다. 따라서 티베트의 전경기와 경통은 신자들에게 만트라와 경전을 환기시켜 다르마의 바퀴가 쉬지 않고 굴러가게 만드는 것이다.

기도 깃발Prayer flag도 전경기와 비슷한 역할을 한다. 수도원 지붕처럼 눈에 띄는 곳에 달아놓은 깃발이 미풍에 펄럭이면, 사람들은 깃발에 쓰여진 만트라와 다른 축복의 내용이 바람에 실려 멀리까지 퍼져나간다고 믿는다. 대부분의 깃발은 색깔이 5가지이며, 이는 티베트인들이 5가지 기본요소로 여기는 땅·공기·불·물·공간을 상징한다. 또한 8가지 상서로운 문양이나 사자, 용, 독수리 머리의 가루다(57쪽) 같은 수호 동물이 그려진 깃발도 있다. 아주 커다란 깃발은 특별한 의식이 행해질 때 사용되곤 한다. 어떤 깃발은 너무 커서 펴는 데만 수십 명의 인력이 동원되기도 한다. 깃발의 크기가 거대한 만큼 영적 힘도 어마하게 크다고 생각하는 것이다.

깃발에는 흔히 '바람의 말[馬]'로 불리는 '룬-타'가 그려져 있다. 바람처럼 달리는 이 말은 화염에 휩싸인 보석을 운반한다고 한다. 친타-마니('빛나는 생각의 보석')란 이 보석은 승리를 가져다주고, 모든 소원을 성취시켜준다고 한다. 그래서 '룬-타'가 그려진 깃발은 특히 영험하다고 믿는다.

티베트의 고갯마루에서는 기도 깃발을 깃대나 돌무덤에 꽂은 걸 흔히 볼 수 있다. 여행자는 지친 발걸음을 멈추고 돌무덤에 돌을 얹거나 조그만 천 조각을 깃대에 매단다. 깃발에 적힌 기도문과 만트라는 신자가 어떤 신에 초점을 맞추고 있느냐에 따라 달라진다. 대개 산길의 깃발에는 여신 '타라'가 등장한다. 왜냐하면 타라가 여로에서 부닥칠 수 있는 위험으로부터 여행자를 보호해준다고 생각하기 때문이다.

성스러운 말

『반야바라밀다경』의 첫 페이지로, 불경을 티베트식으로 집대성한 '카규르'의 일부다. 티베트에서 만든 대부분의 고급 필사본이 그렇듯, 암청색의 종이 위에 금으로 글씨를 썼다. 비단으로 만든 덮개가 있어 사용하지 않을 때는 글자와 그림이 닳지 않는다. 아마도 한때는 나무로 만든 책 표지(76쪽) 사이에 넣어 보관했을 것이다. 모양이 직사각형인 것은 초기 불교경전이 야자나무 잎으로 만들어진 것(74쪽)에서 유래한다. 이 '카규르' 사본은 티베트 남부 딩그리 근처에 있는 셀카르 수도원의 승려가 18세기 초에 만들어 봉헌했다. 셀카르 수도원은 1266년에 카규-파가 세웠으나, 이 필사본이 만들어질 무렵에는 게룩-파가 관할했다.

완전한 존재, 완전한 세계

왼쪽 휴대할 수 있는 이 목제 제단에는 다양한 신들과 라마들에게 둘러싸인 붓다가 새겨져 있다. 붓다 아래쪽에는 야만타카 바즈라 바이라바('죽음을 파괴하는 자'라는 뜻이며, 불법을 지키는 선신)가 있다. 제단 덮개의 안쪽은 제물 그림으로 장식돼 있다.

아래 19세기에 만들어진 목제 제단의 덮개. 꽃 문양이 섬세하게 그려져 있다.

티베트의 종교적 세계는 수많은 신과 여신, 수호신, 지역 정령, 성인, 화신, 스승, 철학자, 그리고 요술쟁이들로 정교하게 수놓아져 있다. 대부분의 신과 여신은 인도의 마하야나 불교전통에서 비롯됐지만, 위대한 성인과 라마가 명상 중에 경험한 생생한 모습이 덧붙여져 티베트 고유의 형태로 나타났다. 일단 신이 새롭게 혹은 변화된 모습으로 등장하게 되면 신의 모습 및 신을 불러내는 방법이 기록되었고 이는 라마 불교전통 안에서 전승됐다. 그래서 티베트 신들의 세계는 고정적이거나 체계적이지 않다. 티베트인은 학파와 지역에 따라 종교적 실재를 유기적으로 파악했다.

우주적 붓다

겉으로 보기에 티베트 불교는 다양한 신과 초자연적 존재들로 가득한 다신교다. 그러나 신들도 모두 현상 세계에 속해 있어서 모든 사물과 마찬가지로 변화하고 죽고, 다시 환생한다는 믿음이 강하게 자리잡고 있다. 이와 대조적으로 최상의 진리는 불멸하고 불변하며, 절대적이고 영원하다고 여긴다. 이 궁극적 진리는 아디 붓다('원초적 붓다'라는 뜻)이다. 그의 본질은 '순수 의식'으로서 개개인의 마음 속에 있는 의식과 같은 것이다. 따라서 모든 사람은 자신 안의 궁극적 실재인 아디 붓다에 다가갈 수 있는 힘을 가지고 있다.

티베트 불교에는 사람들을 진리로 이끌 수 있도록 하는 종교적 테크닉과 수행법(사다나)이 있다. 이 테크닉의 내용, 적용, 전수 방식은 학파와 사승師承 관계에 따라 다양하다. 오랜 세월 동안 각각의 학파들은 아디 붓다에 대한 서로 다른 관점을 발전시켜왔다. 닝마파는 아디 붓다를 '전적으로 상서롭다'는 뜻의 사만타 바드라(보현普賢)로, 카담파는 최상의 실재를 '금강석과 같이 단단하고 변함 없다'는 뜻의 바즈라 사트바(금강살타)로, 게룩파는 '금강석을 쥐고 있는 자'라는 뜻의 바즈라 다라(집금강執金剛)로 여기고 있다.

사만타 바드라, 바즈라 사트바, 바즈라 다라는 신적 존재이지만 서로 독립해서 경쟁하는 신이 아니라, 최상의 존재의 서로 다른 측면, 혹은 최상의 존재에 다가가는 서로 다른 방법을 나타낸다. 바즈라 사트바와 바즈라 다라는 금강석 바즈라, 또는 번개를 쥐고 있는 것으로 묘사되는데, 이는 파괴할 수 없는 순야타(공성 空性)를 나타내는 것이다. 순야타는 불교도가 더 이상 변화하는 존재에 사로잡히지 않는 불멸의 최종적 실재 상태를 지칭한다.

아래 지혜와 자비의 상징인 종(간타)과 갈라진 천둥번개(바즈라). 청동으로 만든 이 도구들은 티베트 불교 의례와 명상에서 필수적이다.

오른쪽 18~19세기에 만들어진 이 탱화는 우주적 붓다인 바즈라 사트바를 나타낸다. 고요한 산 속 풍경을 배경으로 해서 구름 위에 앉아 있는 바즈라 사트바는 종과 번개를 쥐고 있으며, 머리와 몸에서 여러 색의 후광이 빛나고 있다.

바이로카나
(대일여래, 비로자나불)

라트나삼바바
(보생불 寶生佛)

아모가싯디
(아미타유스, 부공성취불 不空成就佛)

아미타바
(무량광불 無量光佛)

악소바야
(아축불 阿閦佛)

원초적 붓다를 둘러싼 붓다들

티베트 불교에서 원초적 붓다는 그의 다양한 신적 속성을 나타내는 다섯의 천상 붓다에 둘러싸여 있는 것으로 묘사된다(88쪽). 이 중에서 사람들에게 가장 인기가 있는 건 아미타유스(무량수불, '무한한 생명의 붓다')로도 나타나곤 하는 아미타바다. 아미타유스는 불사약 단지를 지니고 있는 모습으로 흔히 그려진다(위). 다섯의 천상 붓다는 다섯 요소, 다섯 감각, 그리고 인간 몸의 다섯 가지 주요 에너지 중심인 머리·입·심장·배꼽·다리와 연관된다.

다르마의 사원 : 알치

인도 북부의 레에서 그리 멀지 않은 인더스 강 상류의 험준한 계곡 지역에, 알치의 라다크 불교사원이 있다. 이 사원은 티베트의 제2차 불교 포교기의 자취를 보여주는 훌륭한 유적으로서, 히말라야 서부지역의 가장 중요한 초기 불교 유적지 중 하나다(18쪽 참조).

알치의 역사에 대해서는 별로 알려진 것이 없고, 사원에 대한 기록도 남아 있지 않다. 다만 가장 오래된 사원인 숨체크를 1200년경에 '출트림-오'라는 승려가 창건했다는 비문이 있을 뿐이다.

알치는 마하야나 만신전이 그려진 벽화로 유명하다. 이 벽화는 지난 8세기 동안 별로 손상을 입지 않고 보존돼왔다. 또한 알치는 이 사진의 문틀 조각에서 볼 수 있듯이 목공예로도 명성이 높다. 사원의 여러 입구 중 하나인 이 문에는 우묵한 6개의 문설주가 있다. 문설주마다 다양한 꽃 장식과 불상이 섬세하게 조각돼 있고, 위쪽 중앙에는 사악한 세력을 물리치는 가루라(迦樓羅, 금시조金翅鳥)가 있다. 이 문은 한때 인도 북부의 사원을 아름답게 장식한 도안에 따라 만들어졌으나, 인도 평원의 소용돌이치던 역사를 보여주듯 오늘날의 사원에는 돌 조각 몇 개만이 남아 있을 뿐이다.

자비의 보살

아디 붓다는 그 주위에 있는 천상의 붓다(89쪽 참조)와 달리 움직이지 않고 수동적이다. '최상의 지식을 본질로 하는 자'라는 뜻의 보디사트바(보살)는 다른 이가 구원받도록 도와주기 위해 자신의 해탈 혹은 깨달음을 뒤로 미루고 있는 완전한 존재로서, 티베트인은 보살들이 능동적으로 우주를 창조했다고 믿는다. 그러한 보살들 중에 천상 붓다가 직접 현현하여 그 징표를 가지고 있다고 여겨지는 다섯 보살을 차크라 파니('바퀴를 지닌 자'), 바즈라 파니('번개를 지닌 자'), 라트나 파니('보석을 지닌 자'), 파드마 파니('연꽃을 지닌 자'), 비시바 파니('이중 번개를 지닌 자')라 부른다.

티베트에서 보다 폭넓게 숭배되는 보살은 관세음보살, 문수보살, 미륵보살이다. 가장 대중적인 보살은 티베트의 수호자이며, 자비의 주인인 관세음보살(아발로키테시바라)이다. 달라이 라마는 이 관세음보살의 화신으로 여겨진다. 아발로키테시바라의 뜻은 '내려다보고 있는 주主'이며, 고통스런 세상을 자비의 마음으로 내려다보고 있다는 의미를 지닌다. 불교 텍스트인 카란다뷔하('전시된 보석상자')에는 관세음보살이 죽음의 세계를 관장하는 야마(염라, 죽음의 신)의 나라로 내려가는 서원誓願을 하는 내용이 기록돼 있다. 관세음보살은 손가락에서 흐르는 차가운 물로 지옥의 화염과 끓는 쇳물을 식히는 기적을 행한다.

여느 보살처럼 관세음보살도 여러 모습으로 나타난다. 그런데 종종 그의 정신적 아버지와 같은 아미타바 붓다 때문에 관세음보살을 알아볼 수 있다. 왜냐하면 관세음보살의 관冠이나 머리카락 속에 아미타바 붓다가 부적처럼 들어 있기도 하기 때문이다. 티베트에서는 11개의 머리를 가진 아리아 아발로키테시바라(십일면관음보살)도 흔하게 볼 수

왼쪽 12세기에 만들어진 만주쉬리(문수보살文殊菩薩) 청동상. 은, 구리, 보석을 박아넣었으며, 책과 검을 든 전형적인 모습이다. 관세음보살처럼 문수보살은 아미타바 붓다가 화현化現한 것으로 여겨진다.

오른쪽 18~19세기에 그려진 탱화. 관세음보살이 포탈라카 산의 천궁天宮에 앉아 있다. 관세음보살은 천상의 아미타바 붓다가 화현한 것으로 여겨진다. 그림 위쪽에는 자신의 궁전에서 앉아 있는 아미타바 붓다가 있다.

있다(96~7쪽 참조).

 티베트인이 얼마나 관세음보살에 친밀감을 느끼는지는 관세음보살이 발發해서 나타난 원숭이와 무서운 산山 여신의 자식들이 바로 최초의 티베트인이라는 전설에서도 잘 나타난다.

 문수보살은 초월적 지혜를 인격화한 보살로, 아미타바 붓다 혹은 악소바야(아축불)의 자손으로 여겨진다. 대개 무지의 뿌리를 잘라버린다는 '지혜의 칼'을 지니고 있다(92쪽 참조). 티베트인에 따르면 문수보살을 숭배하면 지혜가 풍부해지고, 기억력이 증진되며, 말을 능란하게 할 수 있고, 불경에 정통하게 된다고 한다. 이 때문에 문수보살은 칼 외에 야자나무 잎으로 만든 불경을 들고 있는데, 이는 전통적으로 『반야바라밀다경』이라고 알려져 있다. 이처럼 성스러운 지식과 연관되어 있기 때문에 책표지에 종종 그의 모습이 나타난다(76쪽 참조). 문수보살은 14세기에 티베트의 가장 위대한 승려이자 학자인 총 카파로 화신해 나타났다고 하는데, 총 카파는 매우 특이한 인생을 살았고 게룩–파를 창시했다.

 마이트레야('사랑스러운 자') 혹은 미륵은 앞으로 올 보살을 지칭한다. 그는 지금 도솔천(투시타)이라는 천국에 살고 있으며, 다음의 인간 붓다로 지상에 내려와 다르마를 다시 온전하게 정립할 때를 기다리고 있다고 한다.

 6세기의 유명한 현인 아상가(무착無着)는 16년 동안 은둔처에서 수행하여 얻은 비범한 능력을 발휘하여 도솔천의 미륵보살을 찾아갔다. 거기서 아상가는 가르침을 받아 요점을 기록했는데, 그것이 바로 '미륵의 5가지 작업'이다.

왼쪽 티베트 불교도들은 미래의 보살인 미륵이 지상에 화신하여 붓다의 가르침을 다시 세울 것이라고 믿는다. 그의 징표는 하얀 캄파 꽃과 물병으로, 여기서는 양어깨 옆에 있는 연꽃 줄기 위에서 찾아볼 수 있다. 19세기의 금박 청동 작품으로 보석이 박혀 있다.

아래 16~18세기경에 만들어진 물병으로, 성수聖水를 뿌리는 데 사용됐다. 티베트 의례에서는 성수를 뿌려 축성祝聖하는 것을 자주 볼 수 있다. 미륵보살의 징표도 같은 종류의 물병인데, 미륵보살(94쪽)의 왼쪽 어깨 옆에도 있다.

많은 손을 지닌 관세음보살

'아리아 아발로키테시바라'로 알려진 십일면관음보살은 여러 개의 얼굴과 팔을 지녔다(위와 96쪽 그림 가운데). 이 위대한 보살은 6세기의 인도 서부에 처음으로 등장했다. 관세음보살의 얼굴이 11개인 이유는 다음과 같다. 당시는 전통적으로 공간을 10방위로 나타냈으므로 10개의 얼굴은 우주의 모든 곳을 볼 수 있음을 상징한다. 그리고 머리 꼭대기에 있는 11번째 얼굴은 천상의 붓다인 아미타바로, 관세음보살이 그 현현임을 나타낸다.

지혜의 여신

지혜의 위대한 여신들은 21가지 모습으로 나타나는데, 주로 녹색의 타라와 흰색의 타라로 나타난다. 그들은 관세음보살이 세상의 고통을 보고 흘린 눈물에서 태어났다고 한다. 관세음보살의 눈물에서 연꽃이 나왔고, 그 꽃에서 지혜의 여신들이 나타났다는 것이다. 그들은 신적 에너지와 초월적 지혜의 여신으로서, 관세음보살이 모든 이를 고통에서 건져내도록 끊임없이 격려를 아끼지 않는다고 한다.

타라는 신적인 구세주이며, 사람들이 일상에서 부딪치는 위험으로부터 벗어나도록 도와준다. 예컨대 「사다나 말라」(명상기법 선집選集)에 따르면 녹색의 타라를 숭배함으로써 '8가지 커다란 위험'에서 벗어날 수 있다. 그 위험이란 불·물·사자·코끼리·옥살이·뱀·도둑·악령에 의한 질병이다. 반면에 흰색 타라는 안정·번영·건강·행운을 가져다준다고 한다.

불교가 처음으로 티베트에 들어왔을 때 녹색·흰색 타라는 송첸 감포 왕의 부인들로 변신해서 나타났다고 전해진다. 녹색 타라는 네팔 출신 부인으로, 흰색 타라는 중국 출신 부인으로 모습을 바꿨다는 것이다. 또한 타라는 1042년 인도에서 티베트로 온 승려 아티샤의 수호신이기도 했다. 그후 티베트인들은 타라를 따르고 사랑하게 됐다. 초대初代 달라이 라마(1391~1474)가 타라를 헌신적으로 숭배하고 그녀에 대한 찬가를 만들었다는 것은 특히 유명하다. 티베트인은 타라를 따르는 자는 승려나 라마를 거치지 않고도 직접 타라에게 호소할 수 있다고 믿는다. 그래서 타라 상은 어느 티베트 집안 제단에서나 볼 수 있다.

왼쪽 총 카파(맨 위 중앙)와 두 명의 라마가 녹색의 타라를 협시挾侍하고 있다. 아래는 흰색의 타라와 관세음보살이다.

오른쪽 19세기의 타라 좌상. 오른손은 선물을 주는 자세(바라다 무드라)를 취하고 있다. 손바닥, 발바닥, 이마에 있는 눈은 타라가 이 세상의 모든 고통을 볼 수 있음을 나타낸다.

상서로운 문양

8가지의 상서로운 모티브가 티베트 예술에 자주 등장한다. '왕의 화개華蓋'는 붓다와 그의 깨달음 추구를 나타내는 문양이다. 바퀴살이 8개인 바퀴는 붓다의 가르침(다르마)을 나타낸다. 끝없이 얽힌 매듭은 이 세상 삶의 피할 수 없는 본질을 상징한다. '승리의 깃발'은 불교적 우주의 중심에 있는 메루 산 위에 서 있다. 물고기 두 마리는 행복과 유용을 상징한다. 그릇은 풍요를, 연꽃은 순수를 나타낸다. 조개껍질은 시계 방향으로 자라난다는 이유로 오른쪽 혹은 올바른 쪽으로 가는 것, 즉 붓다의 가르침에 따르는 것을 상징한다.

지혜와 자비의 결합

6세기의 현인 '아상가'는 마하야나 수트라랑카라('아름답게 꾸민 마하야나 수트라')에서 남방 불교학파(테라바다 불교)에 대한 유명한 비판을 했다. 그는 남방 불교학파가 태어나서 죽고 다시 태어나는 윤회로부터 개인이 해탈하는 점에만 치중한다고 지적했다. 이 점은 바로 스리랑카·미얀마·타이의 테라바다 불교와 북인도·티베트·동아시아의 마하야나 불교의 근본적 차이를 보여준다. 두 전통 모두 해탈이나 깨달음이 인간의 궁극적 목표라는 건 인정하지만, 마하야나 불교는 개인의 해탈 추구와 모든 생명체에 대한 깊은 유대감이 서로 조화를 이뤄야 한다고 강조한다. 이런 차이 때문에 테라바다 불교에서 이상적 존재는 아라한 阿羅漢(Arhat)인 반면, 마하야나의 이상적 존재는 보살 菩薩(Bodhisattva)이다. 아라한은 이미 깨달아 최상의 지혜를 얻은 수행 성자로서 완전히 초연한 자세를 유지하고 있는 반면, 보살은 완벽한 신적 구세주로서 끊임없이 이 세상의 존재에 대해 자비로운 마음을 품고 있다.

마하야나 불교에서 지혜(프라즈나 혹은 순야타)와 자비(우파야 혹은 카루나)는 종교생활에 없어서는 안 될 필수적인 요소다. 프라즈나와 카루나라는 각각 남성성과 여성성을 표상하는 추상적인 본질로서, 그 완벽한 결합은 남신과 여신의 성적 교합(얍-윰)으로 상징화된다.

자비심 없는 지혜는 활동성이 없기 때문에 아무것도 이루지 못한다. 그리고 지혜가 동반되지 않는 자비심은 쉽게 고통으로 압도당하게 된다. 깨달음의 궁극적 목표는 이 상반

오른쪽 배우자인 바즈라 베탈리와 교합하고 있는 야만타카 바즈라 바이라바. '죽음을 파괴하는 자' 혹은 '금강역사 金剛力士'라고도 한다. 지혜의 보살인 문수보살이 현현한 것이라고 하며, 게룩-파의 수호신이다. 뒷면에는 이 상像을 중국 베이징의 티베트 사원에 헌납한 시주자의 이름이 새겨져 있다. 청나라 가경제 嘉慶帝(묘호는 인종, 재위 1796~1820년) 때의 일이다.

옆 18세기 탱화. 중앙에 있는 사만타 바드라(보현보살)는 그의 '지혜의 배우자' 삭티와 교합하고 있다. 그 주위를 붓다, 성자, 라마들이 둘러싸고 있다.

맨 왼쪽 이 탱화는 수호신(아담) 차크라 삼바라가 자신의 '지혜의 배우자'인 바즈라 바라히와 교합하는 장면을 보여준다.

되는 두 요소의 결합이다. 이 목표는 많은 생생과 윤회를 거치면서 서서히 완벽하고도 필연적인 결합으로 성숙해간다.

바즈라야나(금강승)의 탄트라 불교는 마하야나의 관점을 받아들이지만, 다음 생이 아닌 현생에서 완전한 깨달음을 얻을 수 있다고 주장하는 점이 특징이다. 이러한 즉신성불即身性佛은 사제師弟 관계로 이어져 내려온 다양하고 강력한 수행법으로 이룰 수 있다고 한다. 이런 기법들은 카일라스 산에 은둔하고 있는 바즈라 바라히 여신이 인도의 위대한 수행자에게 전해줬다고 여겨진다. 이 여신은 역사상의 붓다가 밀교적으로 현현한 차크라 삼바라(승락불勝樂佛)의 배우자다. 이 기법에는 만다라를 만들고 이를 통해 명상하는 것, 단식을 비롯한 고행, 기도와 만트라를 묵상과 의례에 사용하는 것 등이 포함된다. 이런 기법들은 인간 안에 숨어 있는 잠재적 힘이 드러나고, 마음 깊숙이 내재되어 있는 지혜와 자비의 바다를 열어젖히기 위해 쓰인다.

바즈라야나의 텍스트, 신격, 기법 등을 종종 탄트라는 용어로 표현하는 경우도 있다. 탄트라에 대한 대중적인 이해는 신들의 성적 교합의 이미지나 난교 상태에 빠지는 의례를 연상하는 것이다. 그러나 탄트라는 깨달음을 추구하는 방식 및 이를 달성하기 위한 요가와 명상법을 망라하는 포괄적인 사상체계를 일컫는다.

몇몇 위대한 수행자와 초기의 제자들은 궁극적 상태를 시각적으로 나타내기 위해 의례적 성격의 성적 행위를 행하기도 했겠지만, 인도의 위대한 성자 아티샤(108쪽 참조) 이후의 티베트 전통에서는 성적 행위를 전적으로 상징적인 방식으로만 수행했다.

왼쪽 게룩-파의 가르침에 따르면 최상의 붓다는 '바즈라 다라'이다. 여기서 그는 종과 천둥번개(바즈라)를 가지고 있으며, 자신의 '지혜의 배우자' 샥티를 껴안고 있다. 샥티는 해골로 만든 컵과 단도를 들고 있다.

어느 탄트라 고승의 길

트리송 데첸 왕이 삼예의 불교사원(40~1쪽 참조) 건립을 도와달라고 청하자, 파드마삼바바는 이를 받아들였다. 두 사람의 첫 만남은 주르카르도의 창포 강 근처에서 이뤄졌다. 탄트라의 고승과 전능한 왕의 역사적 만남을 기념하기 위해 근처의 언덕에는 여러 개의 탑(스투파)이 세워졌다. 창포 강을 따라 걷다보면 몇 킬로미터 밖에서도 탑이 보이며, 삼예로 가는 전통적인 순례길과 강나루를 알려주고 있다. 주르카르도는 스리랑카의 미힌탈레에 있는 '초대招待

의 바위'를 상기시킨다. 바로 이 바위에서, 파드마삼바바와 왕의 만남보다 9세기나 앞선 시기에 불교 장로 마힌다가 데바남피야 티사 왕을 만났던 것이다. 초기 불교도들이 스리랑카에서 자연정령(약카) 숭배를 극복해야 했듯이, 파드마삼바바는 헤포리 산의 오랜 티베트 신과 대면해야 했다는 이야기다. 헤포리 산은 삼예를 굽어보는 곳에 있는 성스러운 언덕이자, 중앙 티베트의 오래된 귀족들이 숭배하는 본교의 신들이 거주한다고 여겨지는 곳이다.

성자와 현인

티베트 불교의 특별한 명성과 저력은 위대한 정신적 스승과 성스러운 텍스트를 얻기 위해 인도로의 멀고 험난한 여행을 마다하지 않은 헌신적인 티베트인들에게서 연유한다. 10세기 후반, 티베트에 붓다의 가르침을 펴는데 지도적인 역할을 한 사람은 린첸 장포다. 그는 티베트 서부에 있는 구 –게 의 왕인 '예쉐 –오'의 후원 아래 인도를 여행했다. 스무 해쯤 외국에서 수행한 후 고향인 톨링으로 돌아와 정력적으로 불경을 번역하고 가르쳤다. 1014년에는 톨링에 종교적 건축물을 세웠다.

예쉐 –오 왕은 티베트에 불교를 중흥시키기 위해 당대 최고의 현인으로 손꼽히던 아티샤에게 초청장을 여러 번 보냈다. 아티샤는 불교학파 18개 모두에 정통했으며, 비크라마쉴라 수도원 대학의 원장인 라트나카라에 따르면 '인도의 모든 수도원을 열 수 있는 열쇠가 그의 손에 있었다'고 한다. 처음에 아티샤는 고향을 떠나지 않으려 했다. 그러다가 결국 잠시 체류하기로 하고 1042년에 티베트를 방문했다. 그리고 수도원의 계율에 중점을 두고 개혁을 강력하게 추진했다. 1054년 아티샤의 사후, 그의 수제자 돔퇸은 '카담 –파'라는 티베트 불교학파를 세웠다.

아티샤가 죽은 지 얼마 안 되어, 티베트 중부의 농부였던 마르파는 세 차례에 걸쳐 인도 동부를 여행했다. 거기서 여러 스승을 모시고 수행했는데 그 중 가장 유명한 사람은 나로파였다. 나로파는 11세기의 뛰어난 불교 신비주의자이자 위대한 수행자였다. 마르파는 티베트로 돌아오는 도중에 많은 제자를 얻게 됐는데, 밀라레파도 그 제자들 중 하나였다. 나중에 밀라레파의 제자들을 중심으로 카규 –파가 형성됐다.

아래 아티샤는 11세기에 불교가 티베트에서 다시 자리잡는 데 핵심적인 역할을 한 인물 중 하나다. 19세기에 만들어진 이 아티샤 좌상 옆에는 불경을 담은 둥근 그릇, 초르텐 (46쪽 참조)이 있다.

오른쪽 18~19세기에 만든 걸로 추정되는 탱화. 한가운데에 위대한 수행자(마하시다)가 된 화살 만드는 장인匠人 사라하가 있다. 맨 위 왼쪽은 그의 제자인 나가르주나, 그 옆은 무릎에 책을 올려놓은 학자 부–스톤 (1290~1364)이다. 맨 위 오른쪽은 역시 마하시다인 비루파, 맨 아래 왼쪽은 마하시다인 돔비 헤루카이다.

어느 성자의 휴식처

11세기의 가장 위대한 불교 승려였던 아티샤는 1042년 예순의 나이에 인도 동부에서 티베트로 왔다. 티베트 서부의 구-게 왕국을 방문한 다음 티베트 중부를 여행하고 마침내 라싸에서 남서쪽으로 28킬로미터쯤 떨어져 있는 녜탕에 정착했다. 그리고 1054년 녜탕의 사원에서 죽었는데 '돌마 라캉'이라고 알려진 사원 건물군(옆의 사진은 사원의 중앙)에는 그의 유품들이 많이 보관되어 있다. 그 중에는 바리때, 책, 그가 인도에서 가져온 성스런 이미지, 그리고 그의 유골이 포함되어 있다.

아티샤는 특히 타라(98쪽 참조)를 헌신적으로 숭배했다. 녜탕의 사원에는 17세기에 기증된 타라의 이미지 21개가 보관돼 있다. 아티샤가 원래 지니고 있던 타라의 조각상은 없어졌지만, 아직도 그 조각상은 말하는 힘을 지닌, 신비스럽고 놀라운 것으로 믿어지고 있다. 또 이 사원에는 대중적인 수호신인 마하 칼라의 탱화(122쪽 참조)가 있다. 이 탱화를 그릴 때 아티샤의 피를 사용했다고 한다. 또 다른 신성한 유골로는 마르파가 사사한 위대한 수행자인 나로파의 두개골이 있다.

아티샤가 티베트에서 그토록 영향력 있는 이유는 인도의 초기 불교학자들이 별로 관심을 기울이지 않던 티베트어를 배웠다는 점에 있다. 아티샤는 제자가 스승에게 절대적으로 헌신해야 한다는 점을 강조했다. 정신적 스승인 라마에게 타협 없는 완전한 헌신을 하는 자만이 고차원의 진리를 얻어 현세에서 깨달음에 이를 수 있다는 것이다.

지혜의 전수

붓다는 입적하면서 후계자를 지정하지 않고, 그의 가르침인 다르마가 앞으로 불자 공동체를 이끌어야 한다고 교시했다. 이런 정신에 따라 승려의 수계受戒와 다르마의 전수가 이루어진다. 위대한 수행자(13쪽 참조)는 입문자가 초인간적 능력과 통찰력을 얻도록 종교적 기법과 의례를 개발했고, 따라서 입문식의 절차(사다나)도 치밀해졌다. 그 연유는 만약 입문자의 정신적 소질과 준비상태를 제대로 평가할 수 있는 스승에 의해 가르침이 전수되지 않는다면 불경과 교리, 그리고 의례 절차에 대한 지식은 아무런 가치가 없기 때문이다. '스승'을 뜻하는 티베트어인 라마는 산스크리트어의 구루를 번역한 것이다.

라마로부터 받은 종교적 가르침과 행위를 보통 '밀교적' 혹은 '비의秘儀적, 또는 오의奧義적'이라 표현하지만, 그것이 비밀인 것은 올바른 장소, 올바른 시기에 제대로 준비되고 열성 있는 수행자에게 알려줬을 경우에 한한다. 라마의 주요 의무 중 하나는 수행자 고유의 '명상의 신'(수호존守護尊, 이-담yi-dam)을 선정하는 일이다. 수호존은 수행자를 수호해주고 보증해주는 신으로, 입문자는 그 신을 통해 절대성으로 향하는 영적 능력을 얻는다. 수호존의 선정은 라마가 속한 수도원이나 학파에 의해 정해지지만, 수행자의 성격에 대한 평가도 고려된다. 수많은 신들(보통 성격이 무섭다)이 인간의 악덕을 관장하면서, 그것을 적절하게 지혜와 자비로 바꿔놓는다.

명상의 과정에서 신들은 여러 형태로 입문자에게 나타난다. 그렇게 신이 현현하면 사다나의 수가 증가하게 된다. 성자가 경험한 특별한 신의 모습을 바탕으로 새로운 절차가 만들어지는 것이다. 이렇게 바뀐 절차는 사원의 벽화와 탱화에 표현되기도 한다.

옆 티베트에서 불교적 가르침은 스승과 라마가 전적으로 관할한다. 딱딱한 종이에 색을 입힌 이 라마상은 티베트 불교 특유의 뾰족한 모자를 쓰고 있다.

오른쪽 이러한 의례용 투구는 바즈라야나(금강승) 사제가 쓴다. 3층의 반구형이며, 꼭대기에 번개 모양의 갈퀴가 있다. 이런 모양은 탄트라 입문식과 의례를 통해 얻어지는 차원 높은 지식을 나타낸다.

지혜의 자리

티베트의 호랑이 융단은 대중적인 인기가 있다. 그 이유는 위대한 수행자(13쪽 참조)와 다른 고위 성자들이 설법과 의례를 인도할 때 항상 모피 위에 앉기 때문이다. 호랑이 모피를 모사한 호랑이 융단은 티베트 융단 직조공이 짜는 무늬 중에서도 가장 진귀한 문양에 속한다. 머리와 발톱 등을 비롯해서 호랑이 가죽 전체를 구체적으로 나타내는 가 하면(114쪽) 추상화해서 물결 무늬를 반복하는 것으로 간략하게 짜기도 한다.

자비의 화신

티베트 불교의 놀랄 만한 특징은 학파와 수도원을 확고하게 계승하기 위해서 라마 자신이 환생한다고 믿는다는 점이다. 뜻을 세워 다시 태어난다는 생각은 파드마삼바바에게서 유래한 듯하다. 파드마삼바바는 감춰졌던 불경을 세상에 보이기 위해 가끔 인간의 모습으로 제자들과 함께 나타난다고 여겨져왔다. 환생은 여러 라마와 학파들이 주장했지만, 처음으로 여러 세대에 걸쳐 구체화시킨 학파는 카르마-파다. 이와 달리 13세기에 티베트를 지배했던 사캬-파는 '세습'을 통해 위계제를 유지했다.

유명한 학자이자 승려였던 총 카파의 제자 겐둔 드루파(1391~1474)는 이런 재화신再化身의 체제를 견고하게 만들었다. 그는 게룩-파가 매우 지속적이고 활기 넘치도록 하는 기반을 마련했다. 게룩-파의 3대 수장首長인 소남 갸초(1543~1588)는 몽골인들과 다시 역사적인 교류를 했고, 1578년 몽골의 지도자 알탄 칸을 방문했다. 그때 알탄 칸으로부터 달라이 라마('바다와 같은 스승')라는 칭호를 받았다. 이후 이 칭호는 역사를 거슬러올라가 붙여져 겐둔 드루파는 초대初代 달라이 라마, 소남 갸초는 3대 달라이 라마가 됐다. 오늘날 달라이 라마는 관세음보살이 화신한 존재로 믿어지고 있다.

게룩-파가 중국 명나라와 관계를 맺고 있기는 했으나, 티베트에서 그들이 지니고 있던 강력한 입지는 몽골과의 동맹관계 때문이었다. 구쉬리 칸은 제5대 달라이 라마('위대한 5대')에게서 깊은 감명을 받고 군사적인 협조를 베풀게 되며, 그로 인해 게룩-파는 전국에 걸쳐 종교·세속적 헤게모니를 장악하게 됐다. 달라이 라마가 티베트의 국가적 수장이 된 것도 이때다.

오른쪽 제5대 달라이 라마, 은가왕 로상 갸초(1617~1682)는 '위대한 5대'로 알려져 있다. 이 칭호는 그의 행정적 성취 때문에 붙여졌는데, 그의 수완으로 게룩-파는 티베트를 실질적으로 지배하게 됐다.

옆 제5대 달라이라마는 시가체 근처에 있는 타시륀포 수도원의 승정원장을 아미타바 붓다의 화신으로 선언했다. 그 다음부터 타시륀포 수도원장을 '위대한 학자'라는 뜻의 판첸 라마라 부른다. 로상 예쉐(1663~1737)는 제5대 판첸 라마다. 이 탱화에서는 판첸 라마의 머리 위에 아미타바가 있고, 그 왼쪽에 게룩-파의 수호신인 바즈라 바이라바(포외금강怖畏金剛)가 있다.

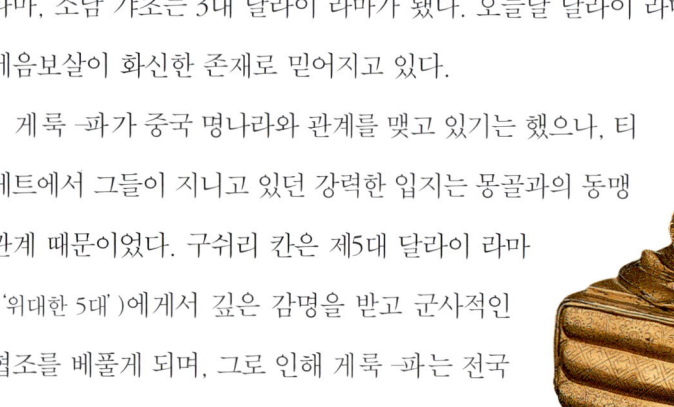

사제이자 왕인 달라이 라마

1933년 13대 달라이 라마가 사망하자 그의 후계자를 찾는 작업이 시작됐다. 후계자는 바로 달라이 라마가 환생하여 나타난 자로 여겨졌다. 섭정攝政인 레팅 린포체는 티베트 중부의 라모 라초('신탁의 호수')로 몸소 순례길을 떠났다가 지금의 달라이 라마인 텐진 갸초의 출생지를 알려주는 계시를 얻었다. 텐진 갸초는 1934년 티베트의 동쪽 변방인 암도의 비천한 가문에서 태어났다. 어린 텐진 갸초도 여느 달라이 라마처럼 라싸로 모셔져서 포탈라 궁전에서 비밀 교육을 받았다.

하지만 어린 군주의 삶은 곧 세계사의 격랑 속에 휩싸이게 된다. 중국이 공산화된 후 1950년에 중공군은 나라를 '해방한다'면서 라싸에 침공한다. 1959년 중공에 반대하는 민중 봉기가 일어난 후, 14대 달라이 라마는 인도로 피신하고 다름살라에 망명정부를 세우게 된다. 인도의 히말라야 지역에 정착한 달라이 라마는 예로부터 내려오는 티베트 불교의 전통을 계속 유지해나갈 수 있게 됐다. 이 사진은 달라이 라마가 신년 축제와 기도를 행하고 있는 모습이다. 달라이 라마와 승려들은 게룩-파 특유의 장식 깃이 달린 황색 모자를 쓰고 있다.

무섭고 강력한 힘을 지닌 신들

티베트 불교의 신·여신들은 다양한 모습으로 나타난다. 사납고 무서운 모습(크로다)이기도 하고 평화스런 모습(산타)으로 나타나기도 한다. 이는 모든 피조물의 무상無常한 성격을 확인시켜주며, 신들이 인간 의식意識의 특징과 분위기를 표현하고 있다는 근본적인 면을 보여주기도 한다. 대부분의 티베트 불교도는 보살과 타라의 자비스러운 측면에 이끌리지만, 보다 놀랍고 위험한 모습에 대해 숙고하려는 사람들도 있다. 사나운 신들은 인간성의 사악한 면을 관장한다. 신자들의 간절함이 표현되어 사나운 신들의 마음이 누그러지면, 신들은 인간들로 하여금 자신들의 가장 커다란 공포와 약점과 대면하고, 그것을 넘어설 수 있도록 해준다. 그래서 무서운 신·여신들도 자비로운 신들처럼 인간에게 은혜를 베풀어주는 것이다.

왼쪽 사르바 붓다 다키니('모든 붓다들의 다키니')는 앞치마 같은 목걸이를 하고 있다. 이 목걸이는 터키석으로 정교하게 장식되어 있다. 다키니('초자연적 힘을 지닌 여인')는 종종 잔인한 성격을 드러내곤 하는데, 여기서 그녀는 시신을 짓밟고 있다.

맨 왼쪽 이 탱화는 두 해골 정령과 화염을 거느리고 있는, 수호신 마하칼라(대흑호법신大黑護法神)다. 그는 시신에 올라타 있으며 칼과 삼지창, 두개골로 만든 컵, 그리고 도끼를 지니고 있다. 밑에는 새 머리를 한 사나운 여신 넷이 있고, 말을 타고 있는 쉬리 데비도 있다. 위의 천상에는 라마와 시다가 여럿 앉아 있다. 가운데에 있는 것은 '사라하'다(108쪽 참조).

가공할 만한 수호자

성자 파드마삼바바(32쪽 참조)와 관련된 여러 이야기에 따르면 그는 주술적 힘을 발휘하여 불교 전래 전의 티베트를 지배하던 토착 신들을 굴복시켰다고 한다. 그리고 토착 신으로 하여금 무서운 다르마 팔라('다르마의 수호자', 호법신)의 자격으로 불교 신앙을 지키게 했다. 수호신들은 티베트적 성격을 지니고는 있지만, 이름으로 미뤄볼 때 원래 인도의 신이었다가 히말라야 지역으로 신앙이 확산되면서 지방의 종교적 특징을 흡수한 것으로 보인다.

'위대한 시간' 이라는 뜻의 마하 칼라는 다르마 팔라 중에서도 인기가 가장 많다. 그는 처음에 힌두교의 시바 신 모습이었고, 시간—특히 필연적으로 모든 것을 파괴하는 시간—을 나타냈다고 한다. 티베트에서 마하 칼라는 과학의 수호자이자 천막의 수호자다. 천막의 수호자로서의 마하 칼라는 16세기에 몽골의 수호신이 되면서 현저하게 부각됐다. 몽골인은 천막에서 사는 유목민이었기 때문이다. 그리고 마하 칼라가 몽골의 수호신이 되도록 한 이는 3대 달라이 라마였다.

'죽음을 파괴하는 자'라는 뜻의 야만타카(대위덕 大威德) 역시 다르마 팔라 중에서 독특한 위치를 차지하고 있다. 전해오는 이야기에 따르면, 죽음의 신인 야마가 티베트의 지방을 휩쓸며 약탈하자 사람들은 지혜의 보살인 문수보살에게 간절히 호소했다. 그들의 기도에 응답한 문수보살은 매우 강력하고 용맹스러운 야만타카의 모습으로 나타났다. 야마는 그 힘에 굴복하여 다르마 팔라 중의 하나로 편입됐고, 지옥을 관장하게 됐다. 불교적 견지에서 이 이야기가 나타내고 있는 것은 모든 무지를 영원한 지혜가 무찌른다는 것이며, 사물의 진면목을 알지 못하기 때문에 계속되고 있는 허상이 바로 죽음이라는 것이다. 야만타카는 학파의 창설자인 라마 총 카파가 문수보살의 화신으로 여겨지기 때문에 게룩-파의 수호신이 되었다.

오른쪽 '천막의 수호자' 인 마하 칼라를 새긴 비석. 그가 들고 있는 것은 모임에 승려들을 부르는 긴 목판이다. 이 모습이 상징하는 건 마하 칼라가 모든 불교 수도원을 보호하겠다는 서약이다.

옆 이 자수품에서 죽음의 신인 야마는 시신을 밟고 있는 들소에 올라타 있다. 야마는 화염에 휩싸여 있으며, 양손에 두개골로 장식된 곤봉과 올가미를 들고 있다.

영광의 여신

쉬리 데비('영광의 여신')는 다르마 팔라 중에서 유일한 여성으로, 티베트에서는 펜덴 라모로 알려져 있다. 그녀는 종종 피가 가득 담긴 두개골 컵을 들고 있는 모습으로 묘사된다. 이 쉬리 데비 상은 도금 청동상에 색칠한 것으로, 그녀는 악마의 껍질로 장식한 노새를 타고 있다. 124쪽의 그림은 수호신 마하 칼라인데, 쉬리 데비는 가끔 그의 수행원으로 나타난다.

신들의 영역

라싸의 포탈라 궁전 꼭대기에 있는 사당들. 미로처럼 복잡하게 얽혀 있으며, 황금 지붕과 빛나는 뽀족탑으로 관세음보살의 천상 거처를 모방하고자 했다. 관세음보살의 화신으로 여겨지는 달라이 라마의 처소로 적합한 곳이다. 그러나 이 장엄한 궁전의 터는 예전에 사나운 여신이자 다르마 팔라 중 하나인 펜덴 라모(125쪽 참조)가 출몰하던 곳이다. 불교의 힘 앞에 무릎을 꿇긴 했으나 그녀의 기반이 완전히 사라진 것은 아니었다. 이 점은 라싸를 티베트의 수도로 만들고, 포탈라 궁전을 세운 제5대 달라이 라마(20쪽 참조)가 판덴 라모를 달래기 위한 조치를 취한 것에서도 잘 나타난다. 그후 펜덴 라모는 달라이 라마의 특별한 보호자로 여겨졌다.

잔인한 방랑자

티베트의 오랜 믿음에 의하면, 초자연적 힘을 획득한 여성은 누구나 다키니라고 알려진 사나운 여신이 된다고 한다. 널리 숭배되는 마하시다(위대한 수행자)인 간타파의 이야기에도 이런 믿음이 잘 나타나 있다. 간타파는 9세기경 날란다 수도원 대학에 살면서 그 지방 고급 창녀의 딸을 배우자이자 의례의 반려자로 맞아 들였다. 하지만 승려는 독신 서약을 지켜야 했으므로, 이런 행동은 사람들의 지탄을 받게 됐다. 이러한 수도원 계율의 명백한 위반으로 문제가 생기자, 간타파와 그의 부인은 공중으로 올라가 각각 차크라 삼바라와 바즈라 다키니로 변신했다고 한다.

티베트어로 카그로 -마('대기의 방랑자들')라 알려진 사나운 다키니들은 닝마 -파의 문헌에 여러 차례 언급되어 있다. 주요 내용은 다키니들이 어떻게 천사처럼 공중을 날며, 현인들을 먼 거리까지 운반하는지에 대한 것이다. 최고의 붓다의 배우자 혹은 '지혜의 배우자'인 다키니는 특별한 만트라, 요가 수행, 비전秘傳 의례 등에 관한 직접적이고 내밀한 지식을 가지고 있다. 이 때문에 위대한 수행자들은 초인간적 통찰력과 놀랄 만한 힘을 얻게 해줄 비밀의 기법과 의례를 배우기 위해 다키니에게 접근했다. '바즈라 바라히', 그리고 '나로 다키니'로도 알려진 바즈라 다키니는 특히 친근한 존재로 여겨졌다. 질투심이 없으며, 어머니와 같은 자비심의 소유자라고 믿었기 때문이다. 바즈라 다키니는 삼딩의 여수도원장으로 화신해 나타난다고 하는데, 티베트에서 여성 화신 중에 가장 존경받고 있다. 삼딩 수도원의 유적은 간체 동쪽 얌드록 호숫가에 남아 있다.

아래 '모든 붓다의 다키니'상. 피가 담긴 두개골 잔을 쥐고, 굽은 단도를 휘두르고 있는 무서운 모습이다.

오른쪽 사나운 카르마 다키니의 조그만 조각상. 두개골로 만든 화환을 걸고 시신 위에 앉아 있다. 19세기에 만들어진 것으로 128쪽의 상과 쌍을 이룬다. 두 조각상 모두 나무에 색칠한 것이다.

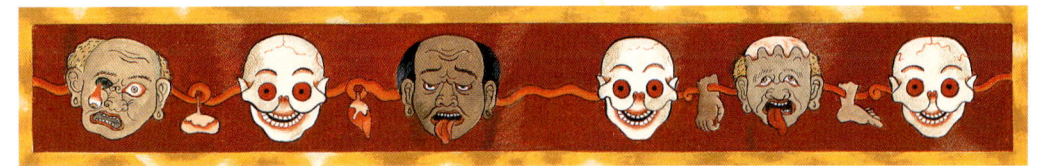

춤추는 죽음의 지배자들

치티 파티스('화장용 장작의 지배자들')로 알려진 무서운 해골들은 티베트 예술의 독특한 성격을 잘 보여준다. 죽음의 신 야마의 수행원들인 치티 파티스는 보통 천둥번개의 깃대를 들고 춤추는 모습으로 나타난다(130쪽). 죽음의 강조는 티베트 예술에서 흔히 찾아볼 수 있다. 이는 죽음에 대한 병적인 집착을 나타내는 것이 아니라 삶에 대한 긍정적이고 실용적인 관점을 반영하는 것으로, 모든 존재는 고정불변한 것이 아니라는 점을 항상 음미해야 한다는 그들의 믿음을 보여준다.

화장의 의례

티베트인들은 시신을 처리하는 방식들을 독특하게 발전시켜왔다. 가장 흔히 행해지는 방법은 '천장天葬'으로, 시신을 정해진 곳에 내버려두는 것이다. 이 장례 관습은 대부분의 티베트 고원에서 화장용 나무를 구할 수 없기 때문에 행해져왔다. 저명한 라마(정신적 지도자)의 장례는 인도에서처럼 종종 화장으로 치러지기도 한다. 화장으로 생긴 재는 초르텐에 보관하거나 '챠-챠' 부적을 만드는 데 사용한다(58~9쪽 참조). 매장은 고대 야르룽 제국 왕들의 장례 풍습이지만 지금은 도둑, 살인자, 그리고 질병의 희생자의 경우에만 행해진다.

생명의 핵심 기능이 중단됐어도 모든 의식意識이 완전히 사라지지 않는 한, 그 사람은 진정 죽은 이로 여겨지지는 않는다. 장례를 집전하는 라마가 삶에서 죽음으로 옮겨가는 이런 과정에 도움을 준다. 그는 '포-와'라는 전이轉移 의례를 행하며, 망자亡者가 사후세계에서 부딪치게 될 일련의 사태에 대한 충고를 속삭여준다(134쪽 참조). 그리고 다음 생에서 망자가 잘되기를 바라고, 망자의 공덕에 보탬이 되기 위해 특별한 기도와 공물을 바친다.

이런 주요 종교의례가 행해지고 나면, 시신은 조각내어져 정해진 곳에 모셔진다. 대개 마을 바깥에 있는 언덕 꼭대기인데, 옆 사진의 천장터는 캄 동쪽에 있는 혼규안의 부근으로 여느 천장터와 다름없는 곳이다. 여기에 모셔진 시신은 마지막 보시로서, 독수리와 여러 동물들이 먹도록 한다. 이제 쓸모없어진 몸을 다른 존재가 먹고 살아가도록 하는 것이다. 티베트 중부의 세라에 있는 천장터처럼 어떤 장소는 특히 상서로운 곳으로 여겨지기도 한다. 그런 좋은 천장터에서 시신을 처리하기 위해 상당히 먼 곳에서 모셔오는 일도 적지 않다.

사후세계의 경로

불교에서 죽음은 모든 것이 끝나는 종말이 아니라 새롭게 환생하는 길목이거나, 붓다처럼 충분히 준비된 이들에게는 해탈을 완성하는 통로일 뿐이다. 육신이 죽은 다음에 망자는 티베트어로 '바르도'라 부르는 중간 상태에 접어든다. 이 단계에 대해서는 여러 가지 문헌이 언급하고 있지만 가장 유명한 것은 14세기경에 만들어졌다고 추정되는 『티베트 사자死者의 서書』이다.

티베트 불교도들은 죽음과 '바르도' 단계를 거치면서 육신에 내재되어 있던 허상을 없애버리고 참 실재와 대면하는 기회를 얻게 된다고 믿는다. 이 실재는 '불성佛性'이라고 알려진 것이다. 평화와 분노의 신들이 모두 인간 마음에 내재되어 있다고 여겨지듯, 불성도 모든 사람들에게 잠재되어 있다고 여긴다. 사망한 지 며칠 내로 사람들이 지녔던 거짓된 세상이 붕괴되면, 평화스럽거나 분노하는 신들이 일련의 강력한 모습으로 번갈아 나타난다고 한다. 대부분은 자신의 내부에서 일어나는 이런 광경에 두려움을 느끼고 낯익고 편안한 쪽으로 도망을 치게 된다. 이럴 경우 어쩔 수 없이 다시 태어나는 길에 접어들게 된다. 선량하고 덕을 쌓은 영혼은 천상에서 환생하고, 악한 영혼은 지옥에 들어간다. 그러나 사후세계의 어떤 것도 불변하는 것은 없고, 또 다른 환생도 불가피하다고 여겨진다. 한편 겉모습의 피상적 세계를 넘어 붓다의 길에 침잠하게 되면 연기緣起의 속박에서 벗어나 완전한 해탈에 이를 수 있다.

바즈라야나 불교는 죽음의 경험을 고스란히 되살릴 수 있는 정신적 기법과 의례를 사용하여 바르도 상태를 다시 만들어낼 수 있었다. 이는 필연적으로 다가올 죽음을 준비하고, 보다 명료하게 삶을 성찰할 수 있도록 하기 위한 것이었다.

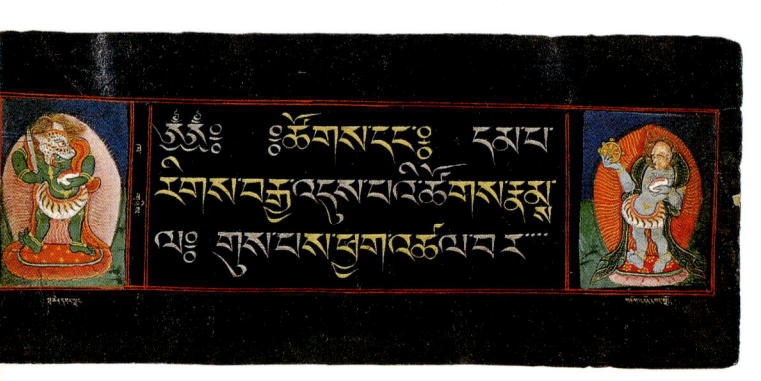

위 『이승과 저승 간의 중간 상태를 이해하여 얻은 지혜의 거칠 것 없는 자유로움에 대한 심오한 교리』 필사본의 일부. 흔히 『티베트 사자의 서』로 더 많이 알려진 문헌이다. 라마는 망자亡者가 이승과 저승의 중간상태를 잘 지나가도록 하기 위해 장례식 때 이 텍스트를 읊조린다.

오른쪽 이 탱화는 망자가 사후세계에서 경험하는 걸 묘사한 것이다. 끔찍한 광경이 펼쳐지고 있는 이런 상황은 우주적 붓다인 사만타 바드라(보현보살)가 관장한다. 그는 탱화 중앙에 위치하고 있으며, 자신의 '지혜의 배우자'와 교합 중이다.

용어 해설

아라핫(아라한, '존자尊者') : 니르바나(깨달음)에 이른 붓다의 초기 신자들에게 붙여진 명칭.

보디사트바(보살菩薩, '최상의 지식을 본질로 하는 자') : 자비를 구현하고 있는 신적 존재. 보디사트바는 깨달음을 눈앞에 두고 있지만 중생의 해탈 노력에 도움을 주기 위해 자신의 니르바나 성취를 뒤로 미루고 있는 존재다.

붓다(부처, '깨달은 자') : 고타마 싯다르타 혹은 샤캬무니의 역사적 붓다(기원전 약 563~483년)를 지칭. 그러나 우주적 붓다와 천상의 붓다를 모두 포괄하여 지칭하기도 한다.

우주적 붓다 : 최상의 지식을 신적 모습에 구현하고 있는 존재. 예를 들면 바즈라 사트바('금강살타'), 바즈라 다라('집금강')와 같은 금강역사들이다.

초르텐(산스크리트어로 스투파, 탑塔) : 불교의 유골을 안치하기 위해 흙, 벽돌, 혹은 돌로 만든 구조물. 티베트의 초르텐은 불단佛壇 위에 놓는 금속제 유골함이기도 하다.

다키니 : 사납고 무서운 모습의 여신. 천상의 붓다의 배우자 혹은 '지혜의 배우자'로 나타나기도 한다.

달라이 라마('바다 같은 스승') : 1578년 티베트 게룩-파 종단의 우두머리 라마에게 부여된 명칭. 1959년 14대 달라이 라마가 망명할 때까지 티베트의 종교적·정치적 지도자였다.

다르마 : 붓다의 가르침. '법' 혹은 '진리'라고 번역되기도 한다.

다르마 팔라(호법신護法神, '다르마의 수호자') : 불교 전래 이전에 티베트를 지배했던 토착 신의 일종. 성자 파드마삼바바에게 굴복한 후, 불교 가르침의 열렬한 수호자가 됐다.

라마(산스크리트어로 구루) : 티베트의 불교 스승 혹은 정신적 지도자.

마하시다('위대한 수행자') : 바즈라야나(금강승)의 '즉신성불'의 길을 따라 니르바나에 이르고, 계속해서 탄트라라고 알려진 비의秘儀를 가르치는 불교 수행자(105쪽 참조).

마하야나('대승大乘') : 티베트 불교가 속해 있는 불교전통. 마하야나에 따르면 수백 번의 생을 거듭하며 쉴새없이 공덕을 쌓아야만 보살이 될 수 있다.

만다라 : 불교적 우주를 담은 그림. 보통 사각형 안에 원이 있는 것이 기본 형태다. 니르바나를 추구하고 명상을 하는 데 도움을 주기 위해 사용된다. 평면으로 된 것도 있고 입체적인 것도 있다.

만트라 : 불교 의례나 명상을 할 때, 음송되거나 읊조려지는 단어들이나 구절. 가장 대중적인 만트라는 '옴 마니 반메 훔'이다.

니르바나('욕망이 끊어짐') : 깨달음. 세상에 대한 집착에서 완전히 벗어난 상태. 니르바나에 이르는 것이 모든 불교도의 목표이다.

탕카(탱화) : 천에 불교적 신들과 성스런 존재 혹은 성자들을 그린 티베트의 종교화. 불교 의례와 명상에 쓰여진다.

바즈라 : 불교적 실재의 '궁극적 상태'인 순야타(공성空性)는 파괴될 수 없다는 것을 상징하는 갈라진 천둥번개.

바즈라야나(금강승金剛乘) : 니르바나에 도달하는 '빠른 길'을 주장하는 불교학파. 탄트라라고 알려진 특별한 기법과 의례를 사용하면 즉신성불할 수 있다고 주장한다(105쪽 참조).

참고문헌

Aris, Michael, and Kye, Aung San Suu, eds. *Tibetan Studies in Honour of Hugh Richardson*. Aris and Philips : Warminister, 1980

Bechert, Heinz, and Gombrich, Richard, eds. *The world of Buddhism : Buddhist Monks and Nuns in Society and Culture*. Thames and Hudson : London, 1984

Béguin, Gilles. *Art ésotérique de l'Himâlaya*. Réunion des Musées Nationaux : Paris, 1990

Béguin, Gilles. *Dieux et démons de l'Himâlaya : Art du bouddhisme lamaïque*. Editions des Musées Nationaux : Paris, 1977

Bhattacharyya, D. C. *Studies in Buddhist Iconography*. Munshiram Manoharlal : New Delhi, 1978

Bhattacharyya, D. C. *Tantric Buddhist Iconographic Sources*. Munshiram Manoharlal : New Delhi, 1974

Brauen, Martin. *Das Mandala : Der Heilige Kreis im tantrischen Buddhismus*. DuMont : Cologne, 1992

Chandra, Lokesh. *Buddhist Iconography*, 2 vols. Aditya Prakashan : New Delhi, 1987

Chattopadhyaya, Alaka, and Lama Chimpa. *Atisa and Tibet*. Indian Studies Past and Present : Calcutta, 1967

Clark, Walter Eugene. *Two Lamaistic Pantheons*, Reprint ed. Paragon : New York, 1965

Dagyab, Loden Sherap. *Tibetan Religious Art*, 2 vols. Harrassowitz : Wiesbaden, 1977

Dargyay, Eva M. *The Rise of Esoteric Buddhism in Tibet*. Motilal Banarsidass : delhi, 1977

Dasgupta, S. B. *An Introduction to Tantric Buddhism*. University of Calcutta : Calcutta, 1950

Dowman, keith. *The Power Places of Central Tibet : A Pilgrim's Guide*. Routledge and Kegan Paul : London, 1988

Essen, Gerd-Wolfgang, and Thingo, T. T. *Padmasambhava*. DuMont : Cologne, 1991

Goepper, Roger. *Alchi : Ladakh's Hidden Sanctuary, The Sumtsek*. Serindia : London, 1996

Gordon, A. *The Iconography of Tibetan Lamaism*. Columbia University Press : New York, 1939

Heruka, Gtsansmyon. *The Life of Marpa the Translator*. Shambala : Boston, 1986

Huntington, S. L., and Huntington, J. C. *Leaves form the Bodhi Tree*. University of Washington : Seattle, 1990

Jackson, David. *A History of Tibetan Painting*. Österreichische Akademie der Wisenschaften : Vienna, 1996

Kvaerne, Per. *An Anthology of Buddhist Tantric Songs*. Universitetsforlaget : Oslo, 1997

Legshay, Gyatsho. *Gateway to the Temple : Manual of Tibetan Monastic Customs, Art, Building and Celebrations*. Ratna Pustak Bhandar : Kathmandu, 1979

Lowenstein, Tom. *The Vision of the Buddha*. Duncan Baird Publishers : London, 1996; Little, Brown : New York, 1996

Reynolds, V., and Heller, A. *Catalogue of the Newark Museum Tibetan Collection*, 2 vols. The Newark Museum : Newark, 1983

Ricca, Franco, and Lo Bue, Eberto. *The Great Stupa of Gyantse*. Serindia : London, 1993

Richardson, Hugh. *High Peaks, Pure Earth : Collected Writings on Tibetan History and Culture*. Serindia : London, 1998

Richardson, High. *Tibet and its History*. Oxford University Press : London, 1962

Snellgrove, David, and Richardson, Hugh. *A Cultural History of Tibet*. Weidenfeld and Nicolson : London, 1968

Snellgrove, David. *Indo-Tibetan Buddhism : Indian Buddhist and their Tibetan Successors*, 2 vols. Shambala : Boston, 1987

Thurman, Robert A. F., trans. *The Tibetan Book of the Dead*. Aquarian : London, 1994

Tucci, Giuseppe. *Indo-Tibetica*, 4 vols. Reale Accademia d'Italia : Rome, 1932-1941

Tucci, Giuseppe. *The Religions of Tibet*, translated by Samuel, G. University of California : Berkeley, 1980

Uhlig, H. *Tantrische Kunst des Buddhismus*. Berlin, 1981

von Schroeder, Ulrich. *Indo-Tibetan Bronzes*. Visual Dharma Publications : Hong Kong, 1981

Wayman, Alex. *The Buddhist Tantras : Light on Indo-Tibetan Esotericism*. kegan Paul : London, 1995

White, D. G. *The Alchemical Body : Siddha Traditions in Medieval India*. University of Chicago Press : Chicago, 1996

Zwalf, W. *Heritage of Tibet*. British Museum : London, 1981

찾아보기

ㄱ

가루다Garuda 12, 56, 90

가르침 102, 105, 112

간덴Ganden 9, 58

간타ghanta 86, 105

간타파Ghantapa 128

간체Gyantse 42~4

게룩-파Gelug-pa('황모') 18, 42, 45, 63, 82, 86, 95, 102, 105, 116, 118

겐둔 드루파Gendun Drupa(초대 달라이 라마) 98, 116

경통prayer drum 78, 81

고타마 싯다르타Gautama Siddharta 10

고통(두카duhkha) 10

곤-캉gon-khang(사원의 별실) 59

관세음보살Avalokiteshvara 12~3, 60, 68, 92, 95, 97~8

기도 깃발 50, 81, 132

ㄴ

나가-라자naga-raja(뱀왕) 56

나가르주나Nagarjuna 108

나로 다키니Naro Dakini 128

나로 본 충Naro Bon Chung 48

나로파Naropa 50, 53, 108, 110

나팔 64, 66~7

낙포파Nagpopa 53

날란다Nalanda 74, 128

남카딩Namkading 동굴 53

네충Nechung 64

네탕Nyetang 110

농업 55

니로다nirodha 10

니르바나nirvana 10, 12, 34, 47, 50, 102, 105

닝마-파Nyingma-pa 18, 86, 128

ㄷ

다르마 팔라Dharma Pala('다르마의 수호자') 122, 125

다르마dharma(붓다의 가르침) 10, 74, 81, 101, 112

다름살라Dharmsala 118

다키니Dakini 121, 128

단도 56, 105, 128

달라이 라마Dalai Lama('바다 같은 스승') 12, 18, 20, 22, 24, 31, 92, 116, 118, 126

대기의 방랑자들(카그로-마khagro-ma) 128

돌마 라캉Dolma Lhakhang 사원 110

돔비 헤루카Dombi Heruka 108

돔퇸 108

드리타라시트라Dhritarashtra 31

ㄹ

라-참(신비극) 64

라다크Ladakh 90

라모 라초Lhamo Latso('신탁의 호수') 118
라브랑Labrang 수도원 63, 78
라싸Lhasa 16, 20, 54, 126
라트나 파니Ratna Pani('보석을 지닌 자') 92
라트나삼바바Ratnasambhava 88
라트나카라Ratnakara 108
랑무시Langmusi 74
랑탄Langtan 70
로상 갸초Losang Gyatso 20, 116
로상 예쉐Losang Yeshe 116
룸비니Lumbini 10
린첸 장포Rinchen Zangpo 108

ㅁ

마르가marga 10, 12
마르파Marpa 50, 108
마이트레야Maitreya 95
마하 칼라Maha Kala('위대한 시간') 110, 121~2, 125
마하시다Mahasiddha(위대한 수행자) 13, 53, 108, 115, 128
마하야나Mahayana(대승불교) 12~3, 74, 90, 102

마하야나 수트라랑카라Mahayana Sutralan-kara 102
마힌다Mahinda 106
만다라Mandala 34, 37~8, 45
만주쉬리Manjushri 92, 95, 102, 122
만트라mantra 34, 63, 68~9, 73, 78
명상 53, 112
목갈라나 27
몽골 18, 74, 116, 122
무역 42, 70
무한한 생명 9, 56, 89
밀라레파Milarepa 48~50, 52~3, 108

ㅂ

바람의 말(룬-타Lun-ta) 81
바르도bardo(죽음과 환생의 중간 상태) 134
바바차크라무드라Bhavachakramudha('삶의 바퀴') 36
바수다라Vasudhara 37
바이로차나Vairocana 88
바즈라vajra 12, 32, 86, 105
바즈라 다라Vajra Dhara(집금강) 45, 86, 105
바즈라 다키니Vajra Dakini(바즈라 바라히) 128
바즈라 바이라바Vajra Bhairava 85, 116
바즈라 베탈리Vajra Vetali 102
바즈라 사트바Vajra Sattva(금강살타) 37, 86
바즈라 파니Vajra Pani(금강수) 12, 81, 92
바즈라야나Vajrayana(금강승) 13, 74, 105, 112, 134
『반야바라밀다경Prajna Paramita Sutra』 82, 95
백궁White Palace 22
뱀왕(나가라자naga raja) 56
버터 램프 24, 27
법륜 23, 29
보드가야Bodh Gaya 10
보디사트바Bodhisattva 12~3, 59, 92, 102
보리달마 53
보석 60, 121
보현보살(사만타 바드라Samanta Bhadra) 86, 102, 134
본교Bon religion 12~3, 48, 53, 107
부-스톤Bu-ston 74, 108
부적 59~60, 68
불경 108

불교의 상징 34, 81, 101, 112
불교의 전파 9~10, 13, 18, 32, 38, 108
불사약 56, 89
불성 Buddha-nature 134
브리쿠티 Bhrikuti 왕비 22, 32, 98
비나야 Vinaya 50
비루파 Virupa 108
비시바 파니 Vishva Pani('이중 번개를 지닌 자') 92
비시바카르마 Vishvakarma 23
비크라마쉴라 Vikramashila 108
빛나는 생각의 보석(친타-마니 chinta-mani) 56, 81

ㅅ

사다나 Sadhanas 86, 112
「사다나 말라 sadhana Mala」(명상 기법 선집) 98
사라하 Saraha 108, 121
사랑스러운 자(마이트레야 Maitreya) 95
사르나스 Sarnath 10, 29
사르바 붓다 다키니 Sarva Buddha Dakini 121
사리푸트라 Sariputra 27, 63
사무다야 samudaya(고통의 원인) 10
사성제('네 가지 고귀한 진리') 10
사캬-파 Sakya-pa 18, 42, 116
사후세계 afterworld 132, 134
삶의 바퀴 Wheel of Life 36
삼딩 Samding 128
삼예 Samye 40
상예 갸초 Sangye Gyatso 22
샤먼 56
샥티 Shakti 102, 105, 128, 134
샨타라크시타 Shantarakshita 16, 32, 40
성적 교합(얍-윰 yab-yum) 102, 105, 134
소남 갸초 Sonam Gyatso(3대 달라이 라마) 116, 122
소멸(니로다 nirodha) 10
속성 24, 27
속죄 방망이 ransom stick 59
송첸 감포 Songtsen Gampo 16, 20, 74, 98
수도원 12~3, 16, 18, 32, 53, 74, 86, 102, 108
수메루 Sumeru 산(수미산) 40
수틀레지 강 Sutlej river 48

순례 10, 14, 48~9
순야타 sunyata 86, 102
숨체크 Sumtsek 사원 90
쉬리 데비 Shri Devi 121, 125
스리랑카 불교 102, 106
스투파 stupa 9, 47, 106~7
시다 siddha 34
시바 Shiva 48, 122
신비극(라-참) 64
신종(명나라 황제) 10
신통력 32

ㅇ

아디 붓다 Adi Buddha('원초적 붓다') 86, 92
아라한 Arhat 12, 27, 102
아리아 아발로키테시바라 Arya Avalokiteshvara(십일면관음보살) 92, 95, 97
아모가싯디 Amoghasiddhi 88
아미타바 Amitabha 89, 92, 95, 97, 116
아미타불(아미타유스 Amitayus) 9, 56, 89
아상가 Asanga 95, 102, 110
아티샤 Atisha 18, 98, 105, 108, 110
악마 32, 36, 64

악소바야Akshobhaya 88, 95

악한 정령 56, 59

알치Alchi 38, 90

알탄 칸Altan Khan 18, 116

야르룽Yarlung 16, 132

야마Yama(염라, 죽음의 신) 92, 122

야만타카 바즈라 바이라바Yamantaka Vajra Bhairava 85, 102

야만타카Yamantaka(죽음을 파괴하는 자) 122

얍-윰Uab-Yum(성적 교합) 56, 102, 105, 134

언어 74

8가지 상서로운 문양 29, 34, 81, 101

8가지 커다란 위험 98

예쉐-오 왕 108

연꽃 34, 56

연꽃 좌대 9

옴 마니 반메 훔Om mani padme hum 68~9, 73

우체Utse 33

웽 쳉Weng Cheng 23, 98

유물함 47

윤회reincarnation 12~3, 20, 92, 95, 116, 134

윰부 라강Yumbu Lagang 19

은야트리 첸포Nyatri Tsenpo 19

음악 31, 63~4

의례 59, 63~4

의례용 투구 112

의식 59, 64, 105, 112, 128, 132

이-담yi-dam('명상의 신') 105, 112

인간 두개골로 만든 컵 105, 121, 128

인더스 강 48

입문식의 절차(사다나sadhana) 34, 112

ㅈ

자비 12, 34, 68, 92, 102, 105, 112, 116

자타카Jataka(본생담) 10

장 탕Jang Tang 54~5

장례 63, 132~4

전경기Mani 'khor-lo 78~81

전능한 열 개의 주문 73, 78

'정복자' 53

조개껍질 나팔 66~7

조워 린포체 22~3

조워 샤캬무니 라캉Jowo Shakyamuni Lhak- hang 22

조캉Jo Kkang 사원 22~4, 32, 56

주르카르도Zurkhardo 106~7

죽음 122, 131~2, 134

지혜의 배우자(샥티shakti) 102, 105, 128, 134

지혜의 자리 115

지혜의 칼sword of discrimination 95

질병 59

집금강(바즈라 다라Vajra Dhara) 45, 86, 105

ㅊ

차리Tsari 48

차크라 삼바라Chakra Samvara 34, 48, 105, 128

차크라 파니Chakra Pani('바퀴를 지닌 자') 92

차크포리Chakpori 56

창포 강Tsangpo River 14, 48

챠-챠tsha-tsha 27, 58~9, 80, 85

천둥번개thunderbolt 12, 32, 86, 105, 131

천상 붓다 89, 92

천장터 132

초르텐chorten 47, 108, 132

촘첸 샤르Tsomchen Shar 22

총 카파Tsong Khapa 18, 23, 95, 98, 116, 122

축귀 의례exorcism 64, 67

춤 64

치료사 56

치티 파티스Chiti Patis 131

친타-마니chinta-mani('빛나는 생각의 보석') 56, 81

ㅋ

카규-파Kagyu-pa 53, 82, 108

카규르Kagyur 74, 82

카그로-마Khagro-ma('대기의 방랑자들') 128

카담-파Kadam-pa 18, 86, 108

카란다뷔하Karandavyuha('전시된 보석상자') 92

카루나Karuna('자비') 12, 92, 102

카르날리 강Karnali river 48

카르마 다키니Karma Dakini 128

카르마-파Karma-pa 116

카일라스Kailas 산 48~49, 53, 105

칼라차크라 탄트라Kalachakra Tantra 73

쿠빌라이 칸Kublai Khan 18

쿠시나가라Kusinagara 10

쿰붐Kumbum 34, 42, 44~5

ㅌ

타라Tara 81, 98

타시륀포Tashilhunpo 수도원 31, 116

탄트라 13, 48, 95, 105, 112

탕카thangka(탱화) 10, 27, 37

테라바다 불교 102

텐진 갸초Tenzin Gyatso(14대 달라이 라마) 18, 20, 118

톨링Toling 108

투시타Tushita(도솔천) 95

트리송 데첸 왕Trisong Detsen 16, 32, 106

티베트 불교 9~10, 14, 18, 31~2, 38, 48, 54~5, 108, 116

『티베트 사자의 서 Book of the Dead』 134

ㅍ

파드마 파니Padma Pani('연꽃을 지닌 자') 92

파드마삼바바Padmasambhava 16, 18, 24, 32, 40, 49, 53, 106~7, 116, 122

파모트루파Pamotrupa 왕조 18

판첸 라마Panchen lama 31, 116

페하르Pehar 40

펜덴 라모Penden Lhamo 125~6

포탈라 궁Potala Palace 20, 22~3, 126

포탈라카Potalaka 산 20, 92

푸르-부phur-bu(제의용 단도) 56

프라즈나prajna(지혜) 102

필사본 82, 134

ㅎ

향 29

헤바즈라Hevajra 38

홍궁Red Palace 22

홍모파Red Hat 56

화신 20, 92, 95, 116, 122, 126

희생제의 13, 59, 64

사진 제공

약어

BAL 브리지먼 예술도서관Bridgeman Art Library(런던, 뉴욕)
BLOIOC 영국 도서관의 동양 및 인도 컬렉션British Library Oriental and India Office Collections(런던)
BM 대영박물관British Museum(런던)
RHPL 로버트 하딩 사진도서관Robert Harding Picture Library(런던)
TI 티베트 이미지스Tibet Images(런던)

1쪽 Graham Harrison ‖ 2쪽 TI / Ian Cumming ‖ 3쪽 BM(1880-376) ‖ 6~7쪽 Magnum Photos / Raghu Rai ‖ 8쪽 TI / Ian Cumming ‖ 9쪽 BM(1913,4-18.2) ‖ 10쪽 BM(1880-11) ‖ 11쪽 BM(1944,11-13,0.19) ‖ 12쪽 BM(1990,4-9.1) ‖ 13쪽 BM(1965,5-25-2) ‖ 14~15쪽 RHPL / David Tockeley ‖ 16쪽 RHPL / Sassoon ‖ 18쪽 Julia Hegewald ‖ 19쪽 TI / Stone Routes ‖ 20~21쪽 TI / Ian Cumming ‖ 22쪽 TI / John Miles ‖ 23쪽 TI ‖ 24쪽 BM(1992,12-14,13) ‖ 25쪽 Axiom / Chris Bradley ‖ 26쪽 BM(1880-309) ‖ 27쪽 BM(1895,2-9.3) ‖ 29쪽 BM(1946,10-18.1) ‖ 30쪽 BM(1906,7-18.0,13) ‖ 31쪽 Julia Hegewald ‖ 32쪽 BM(1942,4-16.1) ‖ 33쪽 TI / Ian Cumming ‖ 34쪽 BM(1939,1-18.1) ‖ 35쪽 BM(1939,1-18.1) ‖ 36쪽 BAL / Oriental Museum, Durham ‖ 37쪽 BM(1906,12-26.09) ‖ 39쪽 BM(1944,4-1.0,5) ‖ 40~41쪽 TI / Ian Cumming ‖ 42~43쪽 TI / Ian Cumming ‖ 44쪽 TI / Ian Cumming ‖ 45쪽 BM(1894,12-13.1) ‖ 46쪽 BM(1905,5-19.20) ‖ 48쪽 BM(1987,5-20,0.1) ‖ 49쪽 TI / Mani Lama ‖ 50쪽 BM(1992,12-14.21) ‖ 51쪽 TI / Ian Cumming ‖ 52쪽 Magnum Photos / Raghu Rai ‖ 53쪽 BM(1992,12-14.52) ‖ 54~55쪽 Axiom / Jim Holmes ‖ 56쪽 BM(1940,10-5.1) ‖ 57쪽 BM(1948,7-16.22) ‖ 58쪽 Julia Hegewald ‖ 59쪽 왼쪽 BM(1992,12-14.85) ‖ 59쪽 오른쪽 BM(1992,12-14.85) ‖ 61쪽 BM(1939,5-17.1) ‖ 62쪽 TI / Ian cumming ‖ 63쪽 BLOIOC(OR 13813) ‖ 64쪽 BM(1919-473) ‖ 65쪽 TI / Merilyn Thorold ‖ 66쪽 BM(1992,12-14.16) ‖ 67쪽 BM(1946,7-13.13 a&b) ‖ 68쪽 BM(1985,4-8.24) ‖ 69쪽 RHPL / Gavin Hellier ‖ 70~71쪽 Julia Hegewald ‖ 73쪽 BM(1992,12-14.96a) ‖ 74쪽 TI / Ian Cumming ‖ 75쪽 TI / Ian Cumming ‖ 76쪽 BM(1905,5-19.86) ‖ 78쪽 BM(1992,12-14.96a) ‖ 79쪽 TI / Ian Cumming ‖ 80쪽 Ti / Ian cumming ‖ 81쪽 BM(1919,1-1,0.34) ‖ 82~83쪽 BLOIOC(OR 6724, Box 14, vol 1) ‖ 84쪽 BM(1954,2-22.8) ‖ 85쪽 BM(1954,2-22.8) ‖ 86쪽 BM(1948,7-16.11) ‖ 87쪽 BM(1980,12-20,0.11) ‖ 89쪽 BM(1893,3-20.133) ‖ 90~91쪽 Royal Geographical Society / Chris Caldicott ‖ 92쪽 BM(1973,5-14.2) ‖ 93쪽 BM(1980,12-20.0.16) ‖ 94쪽 BM(1992,13-14.36) ‖ 95쪽 BM(1985,3-1.1) ‖ 96쪽 BAL / Oriental Museum, Durham ‖ 98쪽 BM(1898,4-8,0.33) ‖ 99쪽 BM(1893,30-20.11) ‖ 102쪽 BM(W412) ‖ 103쪽 BM(1956,12-18.0.12) ‖ 104쪽 BM(1957,4-13,0.1) ‖ 105쪽 BM(1956,12-10.0) ‖ 106~107쪽 TI / Stephen Batchelor ‖ 108쪽 Art Resource / Newark Museum, New Hersey(49.41) ‖ 109쪽 BM(1956,7-14.0.40) ‖ 110~11쪽 TI / Stephen Batchelor ‖ 112쪽 BM(1948,7-16.6) ‖ 113쪽 BM(1908,5-15.2) ‖ 114쪽 Mini Lipton / Heine Schneebeli ‖ 115쪽 John Eskenazi Ltd ‖ 116쪽 John Bigelow Taylor / Rose Art Museum, Brandeis University, Mass. Gift of N & L Horch to the Riverside Museum Collection ‖ 117쪽 BM(1980,12-20.0.8) ‖ 118~119쪽 Magnum Photos / Raghu Rai ‖ 120쪽 BM(1949,11-12,0.1) ‖ 121쪽 BM(1921,2-19.3) ‖ 122쪽 BM(1908,5-15.10) ‖ 123쪽 BM(1961,10-14,0.5) ‖ 125쪽 BM(1907,5-24.4) ‖ 126~127쪽 Julia Hegewald ‖ 128쪽 BM(1948,7-16.24) ‖ 129쪽 BM(1948,7-16.23) ‖ 130쪽 BM(1893,3-20.5) ‖ 132~133쪽 TI / Catherine Pratt ‖ 134쪽 BLOIOC(OR15190.3 Part 3) ‖ 135쪽 BM(1956,12-8,0.15)

기타 사진 정보

1쪽 라싸에 있는 포탈라 궁의 문.
2쪽 인도 북부 라다크에 위치한 레 수도원의 석양 무렵.
3쪽 티베트의 수호신인 관세음보살상으로 여러 개의 머리를 가지고 있다. 19세기에 청동에 도금을 해서 만들었다.
4쪽 인도 북부 다름살라에서 달라이 라마아 게룩-파 소속 승려가 불교 의례를 행하고 있다.

지은이와 옮긴이

마이클 윌리스 박사는 영국 박물관 고대 오리엔트 분과의 북인도와 히말라야 컬렉션 큐레이터다. 아시아 종교건축과 조각에 관한 수많은 논문을 발표했고, 1996년 맥밀런사에서 나온 『예술사전 Dictionary of Art』(전 35권)의 남아시아 부문 편집자로 활동했다. 최근에는 『Temples of Gopaksetra』(1997), 『Buddhist Reliquaries From Ancient India』(2000) 등 인도 종교건축과 예술에 관한 책을 저술했다.

장석만은 한국종교문화연구소 연구위원이다. 『종교 다시 읽기』 등의 편저와 「만해 한용운과 정교분리원칙」, 「개항기 천주교와 근대성」 등의 논문이 있다.